Das Werk und seine Teile sind urheberrechtlich geschützt. Jede Nutzung in anderen als den gesetzlich zugelassenen Fällen bedarf der vorherigen schriftlichen Einwilligung des Verlages.

Hinweis zu § 52a UrhG: Weder das Werk noch seine Teile dürfen ohne eine solche Einwilligung eingescannt und in ein Netzwerk eingestellt werden. Dies gilt auch für Intranets von Schulen und sonstigen Bildungseinrichtungen.

Fotomechanische Wiedergabe ist nur mit Genehmigung des Verlages erlaubt.

Alle Rechte vorbehalten.

Printed in Germany

Justitia-Verlag-Colonia, Köln

2. Auflage, September 2014
ISBN: 978-3-00-046649-6

Maria Struffert-Dupp

ARBEITS- UND SOZIALRECHT

Event- und Betriebsprozesse · Dienstleistungsprozesse · Sozialkunde

••• Vorwort

Meine Absicht war es, mit diesem Buch in einfacher und leicht verständlicher Sprache, einen Überblick über das Arbeits- und Sozialrecht zu geben. Es soll Schülern, Studierenden und allen, die über arbeits- und sozialrechtliches Grundwissen verfügen müssen, einen leichten Einstieg bieten.

Die Erläuterung wichtiger Fachbegriffe sowie Übersichten und grafische Darstellungen sollen das Lernen erleichtern und rechtliche, wirtschaftliche und gesellschaftliche Zusammenhänge darstellen.

Ein besonderes Augenmerk wurde auf eine praxisnahe Darstellung gelegt, so dass sich auch Praktiker schnell und verständlich einen guten Überblick verschaffen können.

In dieser Neuauflage wurden alle wichtigen Entscheidungen und Ergänzungen der Gesetzgebung und Rechtsprechung aufgegriffen und sind Bestandteil dieses Buches.

Maria Struffert-Dupp

••• Inhaltsverzeichnis

1	**Grundlagen des Arbeitsrechts**	**10**
1.1	Anwendungsbereich des Arbeitsrechts	10
1.2	Scheinselbständigkeit	13
1.3	Rechtsquellen des Arbeitsrechts	13
1.3.1	Staatlich geschaffenes Arbeitsrecht	14
1.3.2	Vertraglich geschaffenes Arbeitsrecht	15
1.3.3	Ungeschriebenes Arbeitsrecht	15
1.4	Einteilung des Arbeitsrechts	17
2	**Vertragsverhandlungen - Anbahnungsverhältnis**	**17**
2.1	Einstellungsverhandlungen	18
2.2	Zulässige und unzulässige Fragen im Bewerbungsgespräch	18
2.3	Weitere Einstellungsvoraussetzungen	20
3	**Arbeitsvertrag**	**21**
3.1	Formfreiheit	21
3.1.1	Wesentliche Inhalte	21
3.2	Rechte und Pflichten der Vertragsparteien	22
3.2.1	Pflichten des Arbeitnehmers	22
3.2.1.1	Arbeit- und Dienstleistungspflicht	22
3.2.1.2	Treuepflicht	23
3.2.1.3	Schadensersatzpflicht (Arbeitnehmerhaftung)	25
3.2.2	Pflichten des Arbeitgebers	26
3.2.2.1	Vergütungspflicht	27
3.2.2.2	Beschäftigungspflicht	29
3.2.2.3	Fürsorgepflicht	29
3.2.2.4	Zeugniserteilungspflicht	30
3.3	Probezeit	32
3.4	Urlaubsanspruch	33
3.4.1	Erholungsurlaub	33
3.4.2	Besondere Ansprüche	34
3.4.3	Bildungsurlaub	36

4	**Beendigung des Arbeitsverhältnisses**	**36**
4.1	Kündigung	37
4.1.1	Ordentliche Kündigung	37
4.1.2	Außerordentliche Kündigung	39
4.1.3	Verdachtskündigung	39
4.1.4	Änderungskündigung	40
4.1.5	Kündigung vor Arbeitsantritt	40
4.2	Kündigungsschutzgesetz	41
4.2.1	Personenbedingte Kündigung	41
4.2.2	Verhaltensbedingte Kündigung	42
4.2.3	Betriebsbedingte Kündigung	43
4.3	Kündigungsschutzverfahren	44
4.3.1	Kündigungsschutz bei Massenentlassungen	46
4.3.2	Sonderkündigungsschutz bestimmter Personengruppen	46
5	**Besondere Formen des Arbeitsverhältnisses**	**49**
5.1	Befristete Arbeitsverhältnisse	49
5.1.1	Befristung mit Sachgrund	50
5.1.2	Befristung ohne Sachgrund	51
5.2	Teilzeitarbeitsverhältnisse	52
5.2.1	Allgemeine Teilzeit	52
5.2.2	Geringfügige Beschäftigung	53
5.3	Arbeit auf Abruf	54
5.4	Altersteilzeit	55
5.5	Arbeitsplatzteilung (Jobsharing)	55
5.6	Leiharbeitsverhältnis	56
5.7	Werkverträge im Arbeitsrecht	58
6	**Berufsausbildung**	**58**
6.1	Arten der Berufsausbildung	59
6.1.1	Duales System	59
6.1.2	Vollzeitschulische Ausbildung	60
6.1.3	Externenprüfung	61
6.2	Berufsausbildungsvertrag	61
6.2.1	Wesentliche Inhalte des Berufsausbildungsvertrages	61
6.3	Besonderheiten im Berufsausbildungsverhältnis	62

6.3.1	Probezeit		62
6.3.2	Verbotene Klauseln		62
6.3.3	Ausbildungsvergütung		62
6.3.4	Berichtsheft		62
6.3.5	Auskunfts-, Beschwerde- und Klagemöglichkeiten		63
6.3.6	Pflichten der zuständigen Kammer		63
6.4	Rechte und Pflichten der Vertragsparteien		63
6.4.1	Pflichten des Ausbildenden nach § 14 BBiG		64
6.4.1.1	Ausbildungspflicht		64
6.4.1.2	Fürsorgepflicht		64
6.4.1.3	Zeugniserteilungspflicht		64
6.4.2	Pflichten des Ausbilders		65
6.4.3	Pflichten des Auszubildenden nach § 13 BBiG		65
6.4.3.1	Lern- und Dienstleistungspflicht		65
6.4.3.2	Beachtung und Einhaltung der Betriebsordnungen		66
6.4.3.3	Wahrung von Geschäfts- und Betriebsgeheimnissen		66
6.5	Beendigung des Berufsausbildungsverhältnisses		66
6.5.1	Beendigung durch Ablegen der Prüfung / Ablauf des Vertrages		66
6.5.2	Beendigung durch Kündigung		67
6.5.2.1	Ordentliche Kündigung		67
6.5.2.2	Außerordentliche Kündigung		67
6.5.3	Sonstige Beendigungsgründe		68
6.6	Rechtsgrundlagen der Berufsausbildung		68
6.6.1	Berufsbildungsgesetz		68
6.6.2	Ausbildungsordnung		68
6.6.3	Rahmenlehrplan		69
6.6.4	Prüfungsordnung		69
6.6.5	Jugendarbeitsschutz im Berufsausbildungsverhältnis		69
7	**Berufsausbildungsvorbereitung**		**70**
8	**Berufliche Mobiliät**		**71**
8.1	Berufliche Fortbildung		71
8.2	Berufliche Umschulung		72
9	**Lebenslanges Lernen und Arbeiten in Europa**		**73**

10	**Arbeitsschutzrecht**	**74**
10.1	Technischer Arbeitsschutz	74
10.1.1	Rechtsgrundlagen des technischen Arbeitsschutzes	75
10.1.2	Brandschutz	76
10.1.3	Umweltschutz	77
10.1.4	Besondere Arbeitsplätze und Sicherheitskennzeichen	79
10.1.5	Überwachung des Arbeitsschutzes	80
10.2	Sozialer Arbeitsschutz	81
10.2.1	Rechtsgrundlagen des sozialen Arbeitsschutzes	81
10.2.2	Schutzvorschriften für besondere Personengruppen	82
11	**Arbeitsgerichtswesen**	**85**
11.1	Urteilsverfahren	85
11.2	Beschlussverfahren	85
11.3	Instanzen der Arbeitsgerichte	86
12	**Tarifrecht**	**88**
12.1	Arbeitgeber-Verband	89
12.2	Arbeitnehmer-Verband (Gewerkschaft)	90
12.3	Tarifvertrag	91
12.3.1	Arten von Tarifverträgen	94
12.3.2	Tarifautonomie	94
12.4	Arbeitskampf	94
12.4.1	Streik	95
12.4.2	Aussperrung	96
12.4.3	Schlichtung	97
12.4.4	Grundsätze rechtmäßiger Arbeitskampfmaßnahmen	97
12.4.5	Einigung der Tarifparteien	97
12.4.6	Ablauf des Arbeitskampfes	98
12.4.7	Neutralität der Bundesagentur für Arbeit	99
13	**Betriebliche Mitbestimmung**	**99**
13.1	Ebene des Betriebes	100
13.1.1	Betriebsrat	100
13.1.2	Jugend- und Auszubildendenvertretung	105

13.2	Unternehmensmitbestimmung	107
13.2.1	Mitbestimmung nach dem Drittelbeteiligungsgesetz	107
13.2.2	Mitbestimmung nach dem Mitbestimmungsgesetz von 1976	108
13.2.3	Mitbestimmung nach dem Montanmitbestimmungsgesetz	108
14	**Sozialrecht**	**109**
14.1	Versicherungsprinzip - Grundsatz der sozialen Vorsorge	110
14.1.1	Gesetzliche Unfallversicherung	114
14.1,2	Gesetzliche Krankenversicherung	115
14.1.3	Gesetzliche Pflegeversicherung	117
14.1.4	Gesetzliche Rentenversicherung	121
14.1.5	Arbeitslosenversicherung - Arbeitsförderung	125
14.2	Versorgungsprinzip -Sozialentschädigung	129
14.3	Fürsorgeprinzip - Sozialhilfeprinzip	130
14.3.1	Grundsicherung für Arbeitssuchende	130
14.3.2	Grundsicherung im Alter und bei Erwerbsminderung	131
14.3.3	Weitere Sozialhilfe	132
14.3.4	Sonstige Hilfen	133
15	**Sozialgerichtsbarkeit**	**133**
15.1	Gang des Verfahrens	133
15.2	Besonderheiten der Sozialgerichtsbarkeit	134
15.3	Instanzen der Sozialgerichte	134
Stichwortverzeichnis		**136**
Abkürzungsverzeichnis		**139**

••• 1 Grundlagen des Arbeitsrechts

Der Mensch muss arbeiten, denn die Arbeit dient dem Erwerb des Lebensunterhalts. Somit ist die Erwerbstätigkeit ein wichtiger Bestandteil der menschlichen Existenz. Die meisten Menschen nehmen deshalb Arbeit gegen Entgelt an und verrichten ihre Arbeit in fremden Diensten. Sie sind Arbeitnehmer, d.h. Arbeiter und Angestellte.

Die Trennung zwischen Arbeitern und Angestellten beruht auf einer gewachsenen Tradition. Der Angestellte ist ein Arbeitnehmer, der kaufmännische oder büromäßige Arbeiten ausführt und vorwiegend geistige Arbeit leistet; er bezieht Gehalt. Als Arbeiter wird demgegenüber derjenige eingeordnet, der seinen Lebensunterhalt vorwiegend durch körperliche Arbeit verdient, also ausführend und „mechanisch" tätig ist; er bezieht Lohn. Heute sind Arbeiter und Angestellte gleichgestellt und man spricht nur noch von Arbeitnehmern.

Da die Arbeitnehmer ihre Arbeit beim Dienstherrn bzw. Arbeitgeber verrichten, ordnen sie sich in der Regel in die betriebliche Gemeinschaft des Arbeitgebers ein; sie sind den Weisungen des Arbeitgebers unterworfen. Dem Arbeitgeber steht das Ergebnis ihrer Arbeit zu. Als persönlich und wirtschaftlich Abhängiger benötigt der Arbeitnehmer Schutz. Diesen Schutz gibt das Arbeitsrecht. Das Arbeitsrecht enthält nicht nur privatrechtliche Regeln (z.B. Arbeitsvertrag, Vergütung, Urlaub, Kündigung), sondern stellt auch öffentliches Recht dar (z.B. Arbeitsschutzrecht, Arbeitsgerichtsbarkeit); es ist somit teils privat-rechtlicher und teils öffentlich-rechtlicher Natur.

1.1 Anwendungsbereich des Arbeitsrechts

Arbeitgeber ist, wer mindestens einen Arbeitnehmer in einem Arbeitsverhältnis auf der Basis eines privatrechtlichen Arbeitsvertrages beschäftigt.

Arbeitnehmer ist ein abhängig Beschäftigter, der seine Arbeitskraft dem Arbeitgeber gegen Entgelt zur Verfügung stellt.

Hauptmerkmale der Arbeitnehmertätigkeit sind:

- Weisungsgebundenheit bezüglich Art, Dauer, Zeitpunkt, Ort und Durchführung der Arbeitstätigkeit
- Kein unternehmerisches Risiko
- Persönliche und wirtschaftliche Abhängigkeit vom Arbeitgeber (er hat die Weisungen des Arbeitgebers zu befolgen und dieser kann ihm kündigen)
- Eingliederung in den Betrieb des Unternehmens

Weitere Arbeitnehmer-Merkmale sind:
- der Arbeitnehmer zahlt Lohnsteuer
- er hat keine eigene Betriebsstätte
- keine frei gestaltete Arbeitstätigkeit; dies muss im Gesamtzusammenhang (Würdigung des Gesamtbildes) gesehen werden.

Auch **leitende Angestellte** gehören zu den Arbeitnehmern. Sie unterscheiden sich von den anderen Arbeitnehmern jedoch dadurch, dass sie in eigener Verantwortung Unternehmerfunktionen ausüben, z.B. Einstellungen und Kündigungen vornehmen. Andere Abweichungen: Geringere Anforderungen bei der fristlosen Kündigung, keine Überstundenvergütung, das Betriebsverfassungsgesetz (BetrVG) und das Arbeitszeitgesetz (ArbZG) finden keine Anwendung auf sie.

Auszubildende im dualen System sind ebenfalls Arbeitnehmer, jedoch mit der Besonderheit, dass das Berufsbildungsgesetz (BBiG) für sie gilt. **Praktikanten** eines Pflichtpraktikums, die ihr Praktikum im Rahmen einer Ausbildung oder eines Studiums absolvieren müssen, sind keine Arbeitnehmer, sondern behalten den Schüler/Studenten-Status bei. Praktikanten eines freiwilligen Praktikums sind Arbeitnehmer.

Ein Arbeitnehmer ist eine natürliche Person, die aufgrund eines privatrechtlichen Dienstvertrages eine weisungsgebundene Tätigkeit gegen Arbeitsentgelt ausübt.

Abgrenzung der abhängigen Beschäftigten (Arbeitnehmern) von den selbständig Beschäftigten:

Selbständige
Die selbständige Tätigkeit kennzeichnet demgegenüber:
- das eigene Unternehmerrisiko (d.h. wenn der Erfolg eines eigenen wirtschaftlichen Einsatzes ungewiss ist und Einsatz eigenen Kapitals bedeutet)

- die Verfügungsmöglichkeit über die eigene Arbeitskraft
- die im Wesentlichen frei gestaltete Tätigkeit und Arbeitszeit
- Nichtzahlung von Sozialversicherungsbeiträgen bzw. freiwillige Zahlung
- Zahlung von Gewerbe- bzw. Einkommensteuer anstelle von Lohnsteuer

Selbständige werden unterteilt in **Gewerbetreibende** (Kaufleute) und **Freiberufler**.

Kaufmann ist, wer ein Handelsgewerbe betreibt und/oder im Handelsregister eingetragen ist (es gibt z.B. den Formkaufmann, Istkaufmann, Kannkaufmann). Erforderlich ist eine Gewerbeanmeldung.

Freiberufler ist, wer selbständig und unabhängig ist und

- entweder einer wissenschaftlichen, künstlerischen, schriftstellerischen Tätigkeit höherer Art nachgeht (z.B. Künstler, Journalisten, Designer, Grafiker) oder
- eine persönliche Dienstleistung höherer Art erbringt, die eine höhere Bildung erfordert (z.B. Ärzte, Rechtsanwälte, Steuerberater, Architekten).

Freiberufler betreiben kein Gewerbe, müssen also kein Gewerbe anmelden, sondern lediglich eine Anmeldung beim Finanzamt vornehmen. Ein Freiberufler zahlt Einkommensteuer und keine Gewerbesteuer!

Die Selbständigen sind somit **keine** Arbeitnehmer im Sinne des Arbeitsrechts!

Keine Arbeitnehmer im Sinne des Arbeitsrechts sind:

- Selbständige: Kaufleute/ Freiberufler

- Vorstandsmitglieder einer AG
- Geschäftsführer einer GmbH
- Gesellschafter von Personengesellschaften

Organmitglieder und Gesellschafter stehen aufgrund einer besonderen gesellschaftlichen Beziehung zum Unternehmen nicht in einem Abhängigkeitsverhältnis

- mithelfende Familienmitglieder
- Arbeitslose, Studenten, Rentner

- Richter, Beamte, Soldaten und Zivildienstleistende

sie stehen in einem öffentlich-rechtlichen Dienst- bzw. Rechtsverhältnis, üben hoheitliche Befugnisse aus

- Strafgefangene

1.2 Scheinselbständigkeit

Eine Selbständigkeit ist von der Scheinselbständigkeit abzugrenzen. Oft glaubt man, selbständig zu sein, gehört in Wirklichkeit jedoch zu den Arbeitnehmern.

> Eine Scheinselbständigkeit liegt vor, wenn eine erwerbstätige Person als Selbständiger auftritt oder glaubt, selbständig zu sein, obwohl sie von der Art ihrer Tätigkeit her zu den abhängig Beschäftigten (Arbeitnehmern) zählt.

> Merkmale, die für eine Scheinselbständigkeit sprechen:
>
> - man ist nur für einen Auftraggeber tätig
> - man bezieht mehr als 5/6 seiner Einnahmen nur von einem Auftraggeber
> - man tritt nicht selbst unternehmerisch auf (keine Werbung)
> - man hat feste Arbeitszeiten und einen festen Arbeitsplatz
>
> – gemäß Rechtsprechung –

Wenn diese Merkmale vorliegen, gilt man sozialversicherungsrechtlich als Arbeitnehmer und nicht als Selbständiger, auch wenn der Arbeitsvertrag als „freier Mitarbeitervertrag" deklariert ist. Die wirtschaftliche Abhängigkeit des Arbeitnehmers ist so groß, dass sie die soziale Stellung eines Arbeitnehmers haben und zumindest in Teilbereichen schutzbedürftig sind, so dass das Arbeitsrecht (oder Teile davon) Anwendung findet. Der Arbeitgeber muss dann für den Arbeitnehmer Sozialversicherungsabgaben zahlen.

> Da diese Rechtsfrage oft Unsicherheiten aufwirft und die fehlerhafte Einordnung eines Arbeitnehmers mitunter erhebliche rechtliche Konsequenzen haben kann (z.B. Nachzahlung der Sozialversicherungsbeiträge, Kündigungsschutz), empfiehlt es sich schon bei Beginn des Vertragsverhältnisses klären zu lassen, ob ein Arbeitsvertrag oder eine selbständige Tätigkeit vorliegt. Eine verbindliche Entscheidung hierüber kann durch ein sogenanntes Statusfeststellungsverfahren bei dem Rentenversicherungsträger herbeigeführt werden.

1.3 Rechtsquellen des Arbeitsrechts

Es gibt zahlreiche Gesetze und Verordnungen im Arbeitsrecht.
Das Arbeitsrecht ist auf folgende Rechtsquellen zurückzuführen:

1.3.1 Staatlich geschaffenes Arbeitsrecht

> EG-Vertrag
> Verfassungsrecht (Grundgesetz)
> Gesetze
> Rechtsverordnungen

Aus dem **EG-Vertrag** (EG = Europäische Gemeinschaft) ergibt sich für die Bundesrepublik Deutschland unmittelbar geltendes Arbeitsrecht, das durch nationales Recht nicht abgeändert werden kann. Hierzu gehört vor allem das Recht auf **Arbeitnehmerfreizügigkeit** innerhalb der EU-Staaten aus Art. 39 EGV, das heißt, das Recht eines EU-Bürgers, sich innerhalb der EU seinen Arbeitsplatz frei zu wählen. Daneben ist die oberste Rechtsquelle das **Verfassungsrecht**, also die im Grundgesetz für die Bundesrepublik Deutschland geltenden Grundrechte sind bindend. Wichtige Grundrechte, die insbesondere im Arbeitsrecht Anwendung finden, sind:

- die **Berufsfreiheit** aus Art. 12 GG - dieses Recht verbietet dem Staat in bestimmter Weise Einfluss auf die Entscheidung für einen Beruf zu nehmen.
- die **Koalitionsfreiheit** aus Art 9 GG - dieses Recht verbietet dem Staat die Gründung und Betätigung von Gewerkschaften zu verbieten. Abgeleitet wird hieraus auch das Recht auf **Tariffreiheit** (Abschluss der Tarifverträge liegt allein im Verantwortungsbereich von Arbeitgeberverband bzw. Arbeitgeber und Gewerkschaften).
- der **Gleichbehandlungsgrundsatz** aus Art. 3 GG - dieser Grundsatz gilt zwar eigentlich nur für die Gleichbehandlung der Bürger durch staatliche Organe, jedoch wurde die Idee der Gleichbehandlung auch auf die Arbeitsverhältnisse übertragen, so dass auch der Arbeitgeber die Pflicht hat, die Arbeitnehmer bei gleichen Voraussetzungen auch gleich zu behandeln. Dieser Grundsatz ist durch die Einführung des **AGG** bekräftigt worden, der Arbeitnehmern, die wegen ihres Geschlechtes, ihres Alters, ihrer ethnischen Herkunft, ihrer Religion oder ihrer sexuellen Identität benachteiligt werden, umfangreiche Rechte einräumt.

Die Gesetzgebung für arbeitsrechtliche Gesetze steht dem Bund zu. Das Land kann jedoch dann arbeitsrechtliche Gesetze erlassen, wenn der Bund von seiner Gesetzgebungsbefugnis keinen Gebrauch macht. Gesetze erlassen kann nach der Gewaltenteilung nur die gesetzgebende Gewalt, die sogenannte Legislative. Zu den Gesetzen im Arbeitsrecht gehören vor allem das BGB, KSchG, BetrVG, ArbZG, JArbSchG, TVG und viele mehr. Gesetzesvorschriften, die gegen das GG oder EU-Recht verstoßen, können vor dem Bundesverfassungsgericht/Europäischer Gerichtshof als unzulässig verworfen werden. Rechtsverordnungen können erlassen werden von der vollziehenden/ausführenden Gewalt, die Executive, wenn sie durch ein Gesetz dazu ermächtigt worden ist. Rechtsverordnungen sind somit Gesetze, die nicht in einem förmlichen Gesetzgebungsverfahren von der Legislative erlassen werden

1.3.2 Vertraglich geschaffenes Arbeitsrecht

> Tarifverträge
> Betriebsvereinbarungen
> Arbeitsverträge

Dieses Arbeitsrecht wird durch Verträge, d.h. ohne Mitwirkung des Staates, geschaffen. **Tarifverträge** umfassen alle Regelungen, die von den Tarifvertragsparteien (Gewerkschaft und Arbeitgeberverband) vereinbart wurden. **Betriebsvereinbarungen** sind Verträge zwischen dem Betriebsrat und dem Arbeitgeber über echte Mitbestimmung und sind bindend für alle Arbeitnehmer eines Betriebes. Der **Arbeitsvertrag** wird zwischen dem Arbeitgeber und Arbeitnehmer über Rechte und Pflichten der Beteiligten geschlossen.

1.3.3 Ungeschriebenes Arbeitsrecht

> Weisungen des Arbeitgebers
> Gewohnheitsrecht (betriebliche Übung)
> Richterrecht

Keine Rechtsquellen im eigentlichen Sinn, aber Anhaltspunkte für die Pflichten im Arbeitsverhältnis, stellen die **Weisungen** bzw. Arbeitsanweisungen des Arbeitgebers oder des Vorgesetzten dar. Diese konkretisieren die Pflichten aus dem Arbeitsvertrag. Im Übrigen gibt es das Gewohnheitsrecht, z.B. dann, wenn der Arbeitgeber dreimal hintereinander ohne Vorbehalt das Weihnachtsgeld zahlt, muss er dies weiterhin tun, da es zu einer sogenannten **„betrieblichen Übung"** geworden ist. Ebenso gehört dazu das **Richterrecht,** wenn der Richter z.B. Gesetze oder Verträge auslegen muss.

Diese vorgenannten Rechtsgrundlagen stehen in einer hierarchischen Ordnung. Es gibt also stärkere Rechtssätze, die Vorrang vor den schwächeren Rechtssätzen haben.

> Hier gilt das **Rangprinzip:**
> Dieses besagt, dass immer das ranghöhere Recht gilt: Zuerst kommt der EG-Vertrag, dann Verfassungsrecht (Grundgesetz), dann Gesetze und Rechtsverordnungen, danach der Tarifvertrag, der im Rang vor der Betriebsvereinbarung steht. Diese geht dem Einzelarbeitsvertrag vor. Danach die Weisungen des Arbeitgebers usw.

> Von diesem Rangprinzip kann nur dann abgewichen werden, wenn die nach der Rangordnung niedrigere Regelung für den Arbeitnehmer günstiger ist, das sogenannte **Günstigkeitsprinzip.**

Das Günstigkeitsprinzip kommt z.B. zur Anwendung,

- wenn der Arbeitgeber dem Arbeitnehmer im Arbeitsvertrag mehr Urlaub zusagt, als im Bundesurlaubsgesetz (BUrlG) zugesichert ist. Das BUrlG geht zwar nach dem Rangprinzip dem Arbeitsvertrag vor, aber die Regelung im Arbeitsvertrag gilt, da sie für den Arbeitnehmer günstiger ist. Z.B. erhält der Arbeitnehmer lt. Arbeitsvertrag 30 Urlaubstage, obwohl im BUrlG 24 Urlaubs- bzw. Werktage gesetzlich geregelt sind.

- wenn der Arbeitnehmer einen Arbeitsvertrag abschließt, in dem das Arbeitsentgelt über dem im Tarifvertrag vereinbarten Entgelt liegt, dann gilt nach dem Günstigkeitsprinzip das im Einzelarbeitsvertrag festgelegte Entgelt.

Es gibt:

Zwingendes (unabdingbares) Recht	Dispositives (abdingbares) Recht
Das Recht kann nicht durch Vertrag abgeändert werden; diese Verträge sind dann unwirksam (gilt vor allem im öffentlichen Recht, wie z.B. Polizeirecht, Baurecht).	Das Recht kann im Gegensatz zum unabdingbaren Recht durch Verträge abgeändert werden. Zum Schutze einer Vertragspartei ist dies jedoch gesetzlich eingeschränkt, d.h. diese Vorschriften dürfen nur zu Gunsten einer Partei, hier des Arbeitnehmers, abgeändert werden.

1.4 Einteilung des Arbeitsrechts

Das Arbeitsrecht lässt sich in Deutschland in zwei Teilgebiete „Individualarbeitsrecht" und „Kollektivarbeitsrecht" einteilen.

Das **Individualarbeitsrecht** befasst sich mit dem **Verhältnis des einzelnen Arbeitnehmers** zu seinem Arbeitgeber. Es umfasst also alle Rechtsbeziehungen, die zwischen diesen beiden Parteien auftreten können.

Dazu gehören insbesondere das Arbeitsvertragsrecht, das Arbeitsschutzrecht, Diskriminierungsverbote, Gleichbehandlungsgrundsätze, Mutterschutz, Schutz des Schwerbehinderten, Schutz des Auszubildenden und Minderjährigen sowie die Beendigung von Arbeitsverhältnissen (Kündigungsschutz).

Beim **Kollektivarbeitsrecht** werden Regelungen getroffen, die sich **auf eine Gruppe von Arbeitnehmern** beziehen, also nicht dem Einzelnen Rechte einräumt, sondern der gesamten Belegschaft eines Betriebes oder allen Mitgliedern einer Gewerkschaft bzw. eines Arbeitgeberverbandes.

Hierzu gehören die betriebliche Mitbestimmung (BetrVfG, Mitbestimmungsgesetze) und das Tarifrecht (TVG).

••• 2 Vertragsverhandlungen – Anbahnungsverhältnis

Vertragsverhandlungen werden durch Stellenangebote und -ausschreibungen in Gang gesetzt. Mit der Aufnahme von Vertragsverhandlungen entsteht unter den Parteien ein vertragsähnliches Vertrauensverhältnis (§ 311 Bürgerliches Gesetzbuch - BGB), das zur gegenseitigen Rücksichtnahme verpflichtet (§ 241 BGB). Das **Anbahnungsverhältnis** beinhaltet wechselseitige Fürsorge-, Sorgfalts- und Aufklärungspflichten. Die schuldhafte Verletzung dieser Pflichten führt zu einer Haftung auf Schadensersatz (§§ 241, 280 BGB). Es gilt das **Diskriminierungsverbot** gem. § 1 Allgemeines Gleichbehandlungsgesetz (AGG): Ein Bewerber darf nicht aus Gründen der Rasse, ethnischen Herkunft, Geschlechts, Religion, Weltanschauung, Behinderung, Alters oder sexuellen Identität benachteiligt werden. Eine Stellenausschreibung muss demnach **diskriminierungsfrei** und vor allem

geschlechtsneutral formuliert sein (z.B. „Wir suchen Kaufmann/Kauffrau für..."; eine Ausnahme davon gilt nur, wenn ein bestimmtes Geschlecht für die Tätigkeit unverzichtbare Voraussetzung ist). Andernfalls drohen dem Arbeitgeber Schadensersatzpflichten der andersgeschlechtlichen und diskriminierten Bewerber gem. § 15 AGG. Einen Einstellungsanspruch hat der Bewerber nicht!

2.1 Einstellungsverhandlungen

Anhand der Bewerbungsunterlagen (Bewerbungsschreiben, lückenloser Lebenslauf, Bewerbungsfoto, Kopien der Schul- und Arbeitszeugnisse) treffen die Arbeitgeber unter den Bewerbern eine Vorauswahl. In einem persönlichen Gespräch, dem Vorstellungsgespräch, stellen Arbeitgeber und Arbeitnehmer fest, ob sie einen Arbeitsvertrag abschließen wollen. Der Arbeitgeber hat den Bewerber bei den Einstellungsverhandlungen über die Anforderungen des Arbeitsplatzes zu unterrichten.

Zahlung der Vorstellungskosten
Fordert der Arbeitgeber den Bewerber nach Eingang der Bewerbungsunterlagen zu einem Bewerbungsgespräch auf, so stellt sich die Frage, wer die Kosten der Vorstellung zu zahlen hat (Hin- und Rückfahrt mit dem eigenen Pkw oder öffentlichen Verkehrsmitteln, Verpflegungsaufwand und evtl. die Übernachtungskosten, wenn das Vorstellungsgespräch zeitlich so liegt, dass dem Bewerber eine Abreise am gleichen Tag nicht zugemutet werden kann).

> Gem. § 670 BGB hat der Arbeitgeber die Kosten der Vorstellung zu tragen, wenn er den Bewerber zur Vorstellung auffordert und nicht ausdrücklich die Kostenübernahme ausschließt!

Arbeitslose erhalten die Vorstellungskosten von der Agentur für Arbeit erstattet.

2.2 Zulässige und unzulässige Fragen im Bewerbungsgespräch

Für den Arbeitnehmer ist oft unklar, welche Fragen er im Bewerbungsgespräch wahrheitsgemäß beantworten muss. Der Arbeitnehmer hat Fragen, an dessen Beantwortung der Arbeitgeber im Hinblick auf das Arbeitsverhältnis ein **berechtigtes Interesse** hat, wahrheitsgemäß zu beantworten. Das sind Fragen, die zur Beurteilung der Arbeitsfähigkeit und der Eignung des Bewerbers von Bedeutung sind.

> Eine wahrheitswidrige Antwort auf eine zulässige Frage stellt eine arglistige Täuschung dar, die den Arbeitgeber zur Anfechtung des Arbeitsvertrages berechtigt (§ 123 BGB).

Zulässige Fragen sind z.B.:

- nach den beruflichen Kenntnissen und Erfahrungen, Prüfungsergebnissen
- nach der Ableistung des Wehr-/ Zivildienstes (z.Zt. nicht aktuell, da der Wehrdienst ruht!)
- nach Gehaltsvorstellungen (nicht nach dem letzten Gehalt!)
- nach Lohnpfändungen
- nach dem Familienstand
- nach der Eignung der vertraglichen Tätigkeit (fragt der Arbeitgeber dies, muss man ihn auf gesundheitliche, seelische oder ähnlich schwerwiegende Beeinträchtigungen hinweisen!)
  Achtung: Die direkte Frage nach einer **Schwerbehinderung** und Grad der Schwerbehinderung ist nicht erlaubt, da diskriminierend!)

Unzulässige Fragen sind z.B.:

- nach dem Bestehen einer Schwangerschaft (Ausnahme: Wenn die Schwangere die vertragsmäßige Arbeit aufgrund der Schwangerschaft nicht leisten kann oder sie bzw. das Ungeborene durch die Arbeit gefährdet wird)
- nach einer Religionszugehörigkeit
  (Ausnahme: Tendenzbetriebe, d.h. kirchliche Einrichtungen)
- nach einer Parteizugehörigkeit (Ausnahme: Tendenzbetriebe)
- nach einer Gewerkschaftszugehörigkeit (Ausnahme: Tendenzbetriebe)
- nach Vorstrafen (Ausnahme: Bei einem Arbeitsplatzbezug, z.B. Verurteilung wegen Vermögensdelikte wie Diebstahl, Unterschlagung, Betrug bei einem Bankangestellten; Körperverletzung, sexueller Missbrauch, Vergewaltigung bei Erziehern/ Lehrern; Verkehrsstrafen bei Kraftfahrern)
- nach Schulden bzw. Vermögensverhältnissen (Ausnahme: Der Arbeitnehmer soll als Vermögensverwalter des Arbeitgebers eingestellt werden)
- nach dem Kündigungsgrund im vorherigen Job.

Diese unzulässigen Fragen des Arbeitgebers sind nicht gestattet, deshalb darf der Arbeitnehmer wahrheitswidrig antworten!

2.3 Weitere Einstellungsvoraussetzungen

Psychologische Tests sind grundsätzlich zulässig, wenn sie sich auf die geplante Arbeitstätigkeit und die entsprechenden Anforderungen beschränken. Nicht zulässig, wenn sie nur die Persönlichkeit des Bewerbers durchleuchten wollen (Verletzung des Persönlichkeitsrechts!). Der Bewerber hat ein Recht auf Einsichtnahme in das Testergebnis und bei Nichteinstellung auf Herausgabe des Ergebnisses bzw. auf Vernichtung des Ergebnisses.

Einstellungsuntersuchungen/Gesundheitszeugnis durch den Betriebsarzt/arbeitsmedizinischer Dienst sind rechtmäßig. Für Arbeitnehmer bis 18 Jahre ist ein Gesundheitszeugnis Pflicht. Der Arzt darf dem Arbeitgeber keine Diagnose mitteilen, nur die Mitteilung, ob der Bewerber für die Tätigkeit gesundheitlich geeignet bzw. nicht geeignet ist. Arbeitnehmer, die Umgang mit offenen Lebensmittel haben, müssen gem. Infektionsgesetz dem Arbeitgeber eine Gesundheitsbelehrungsbescheinigung (erhältlich beim Gesundheitsamt) vorlegen.

Ein **polizeiliches Führungszeugnis** kann nur dann verlangt werden, wenn der Bewerber in einem entsprechenden sicherheitsrelevanten Bereich arbeitet, z.B. an der Kasse, bei der Bank, bei einem Sicherheitsdienst, Vermögensverwaltung, bei Arbeiten mit sensiblen Daten usw.

Personalauswahl
Grundsätzlich kann sich der Arbeitgeber unter den Bewerbern für denjenigen entscheiden, der ihm nach seiner Auffassung am geeignetsten erscheint. Die Auswahlfreiheit des Arbeitgebers ist jedoch durch zahlreiche gesetzliche Beschäftigungsverbote (z.B. bei Kindern) und -gebote (z.B. Schwerbehinderte) begrenzt.

Arbeitspapiere (Unterlagen), die der Arbeitnehmer dem Arbeitgeber nach der Einstellung einreichen muss:

- Sozialversicherungsausweis
- Steuer-ID-Nummer
- Bescheinigung der Krankenkasse
- Bekanntgabe der Bankdaten
- evtl. Urlaubsbescheinigung des bisherigen Arbeitgebers
- evtl. Gesundheitszeugnis (für Arbeitnehmer bis 18 Jahre Pflicht!)
- evtl. polizeiliches Führungszeugnis
- evtl. Aufenthaltserlaubnis oder Arbeitserlaubnis

••• 3 Arbeitsvertrag

Der Arbeitsvertrag ist eine Unterart des **Dienstvertrages** (§ 611 BGB), durch den sich der Arbeitnehmer gegenüber dem Arbeitgeber zur versprochenen entgeltlichen Arbeitsleistung und der Arbeitgeber zur Zahlung der versprochenen Vergütung verpflichtet.

Bei einem Dienstvertrag im Sinne des BGB erteilt der sogenannte Auftraggeber nur einen Auftrag zum Tätigwerden. Bei einem Arbeitsvertrag kommt es dem Arbeitgeber stets darauf an, dass der Arbeitnehmer für ihn tätig wird. Für das Ergebnis allerdings muss stets der Arbeitgeber geradestehen.

Der Arbeitsvertrag ist ein **gegenseitiger (zweiseitiger) Vertrag**, bei dem Leistung und Gegenleistung in einem ausgeglichenen Verhältnis zueinander stehen. Dieser Vertrag hat - im Gegensatz zu den sonstigen gegenseitigen Verträgen - einen starken persönlichen und sozialen Bezug (der Arbeitgeber kann dem Arbeitnehmer Weisungen erteilen, ihm kündigen und zahlt ihm das monatliche Entgelt).

3.1 Formfreiheit

Gesetzlich besteht kein Schriftformerfordernis für den Arbeitsvertrag, er kann also formfrei, d.h. auch mündlich geschlossen werden. Gemäß den EU-Vorschriften wurde 1995 das Nachweisgesetz (NachweisG) erlassen und verpflichtet den Arbeitgeber, die wesentlichen Inhalte bis spätestens einen Monat nach Arbeitsbeginn schriftlich niederzulegen und diese Niederschrift dem Arbeitnehmer unterschrieben auszuhändigen (hat Beweisfunktion gem. § 1 NachwG).

3.1.1 Wesentliche Inhalte

- Name und Anschrift der Vertragsparteien
- Beginn (Dauer des Arbeitsverhältnisses bei befristeten Verträgen)
- Arbeitsort
- Bezeichnung der Tätigkeit
- Höhe des Arbeitsentgeltes (einschl. aller Zuschläge, Prämien, Sonderzahlungen)
- Arbeitszeit (wöchentliche)
- Dauer des Urlaubs
- Kündigungsfristen
- Hinweise auf Tarifverträge bzw. Betriebsvereinbarungen

Fehlt die schriftliche Zusammenfassung der wesentlichen Inhalte, so ist der mündlich geschlossene Vertrag trotzdem gültig. **Minderjährige** Arbeitnehmer (Jugendliche bis 18 Jahre) bedürfen zum Abschluss eines Arbeitsvertrages der Zustimmung des gesetzlichen Vertreters. Danach kann der Jugendliche ohne weitere Zustimmung - falls nicht andere Regelungen getroffen werden - im Rahmen dieses Arbeitsverhältnisses Rechtshandlungen vornehmen (z.B. der Gewerkschaft beitreten, ein Gehaltskonto einrichten, das Arbeitsverhältnis kündigen). Außerdem darf er Arbeitsverhältnisse derselben Art ohne weitere Zustimmung des gesetzlichen Vertreters eingehen.

Der Arbeitgeber hat vor Abschluss eines Arbeitsvertrages die **Zustimmung des Betriebsrats** einzuholen (wenn der Arbeitgeber mehr als 20 Arbeitnehmer beschäftigt, § 99 BetrVG).

Neben der genannten **Formfreiheit** besteht hinsichtlich des Vertrages **Abschlussfreiheit** (es steht dem Arbeitgeber und Arbeitnehmer frei, ob sie ein Arbeitsverhältnis eingehen möchten; kein Zwang) und **Gestaltungsfreiheit** (die Inhalte des Vertrages sind frei zu bestimmen; sie finden jedoch ihre Grenzen durch Gesetz, Tarifvertrag und Betriebsvereinbarungen).

3.2 Rechte und Pflichten der Vertragsparteien

Durch den Arbeitsvertrag entstehen dem Arbeitgeber und dem Arbeitnehmer Rechte und Pflichten. Auch hier - wie bei jedem gegenseitigen Vertrag - ergeben sich aus den Rechten der einen Partei die Pflichten der anderen Partei.

3.2.1 Pflichten des Arbeitnehmers

Nach § 611 BGB ist der Arbeitnehmer zur Leistung der versprochenen Dienste verpflichtet. Hieraus werden die Pflichten des Arbeitnehmers abgeleitet.

3.2.1.1 Arbeits- und Dienstleistungspflicht

Der Arbeitnehmer hat seine Arbeitsleistung **persönlich** zu erbringen (höchstpersönliche Verpflichtung); die Arbeitsleistung kann er nicht durch Dritte erfüllen, § 613 BGB). Der Umfang der Arbeit ist normalerweise im Arbeitsvertrag festgelegt (oder in einer Stellenbeschreibung).

Innerhalb dieses Rahmens kann der Arbeitgeber Einzelanweisungen erteilen, die der

Arbeitnehmer befolgen muss **(Weisungsbefolgungspflicht)**. Das Weisungs- bzw. Direktionsrecht gibt dem Arbeitgeber das Recht, die Arbeitsbedingungen näher zu bestimmen. Aufgrund seines Weisungsrechts kann der Arbeitgeber dem Arbeitnehmer nur solche Arbeiten auftragen, die im Rahmen des Arbeitsvertrages nach der allgemeinen Verkehrsauffassung gefordert werden können (zumutbare Arbeit). Eine **Ausnahmeregelung** gilt, wenn es sich bei den unzumutbaren Arbeiten um eine einmalige Ausnahme handelt und die Arbeit sonst von keinem anderen innerhalb des Betriebes erbracht werden kann. Grenzen werden durch die Betriebsvereinbarungen oder Arbeitsschutzbestimmungen gesetzt. Auch das Grundgesetz (Art. 1 des GG - Persönlichkeitsrecht des Arbeitnehmers) setzt dem Weisungsrecht des Arbeitgebers Grenzen (z.B. unangemessene Weisungen, die das Äußere des Arbeitnehmers betreffen).

> Besonders wichtig und in der Praxis stets zu beachten ist § 315 BGB. Danach unterliegt jede Weisung der Schranke des „billigen Ermessens". Dies bedeutet, dass jede Weisung unter Abwägung der Interessen des Arbeitnehmers einerseits und der betrieblichen Interessen andererseits erfolgen muss. Dieser Grundsatz gilt ganz allgemein für alle Weisungen des Arbeitgebers (vgl. auch § 106 Gewerbeordnung – GewO). Die Zuweisung einer niedriger bezahlten Arbeit ist grundsätzlich unzulässig. Im Arbeitsvertrag können aber derartige Bestimmungen getroffen werden. Ohne eine derartige Vereinbarung muss der Arbeitgeber die Zustimmung des Arbeitnehmers einholen.

3.2.1.2 Treuepflicht

Der Arbeitnehmer hat die Pflicht, die Interessen seines Arbeitgebers wahrzunehmen und sich für die Belange und den Erfolg des Unternehmens einzusetzen. Er hat alles zu unterlassen, was diese Interessen beeinträchtigen könnte. Der Umfang der Treuepflicht hängt von der Stellung des Mitarbeiters im Unternehmen ab. Je höher die Stellung des Arbeitnehmers im Unternehmen ist, desto größer sind auch seine Treuepflichten.

Aus der Treuepflicht ergeben sich verschiedene **Unterlassungspflichten:**

- **Verschwiegenheitspflicht:** Der Arbeitnehmer hat die Betriebs- und Geschäftsgeheimnisse zu hüten (Verrat von Geschäftsgeheimnissen steht lt. Gesetz gegen unlauteren Wettbewerb unter Strafe). Auch nach Beendigung des Arbeitsverhältnisses bleibt diese Pflicht fortbestehen.
- **Schmiergeldverbot:** Der Arbeitnehmer darf sich nicht durch Geld, Geschenke oder andere Vorteile zu einem pflichtwidrigen Verhalten beeinflussen lassen.
- **Gesetzliches Wettbewerbsverbot:** Der Arbeitnehmer darf nicht in Konkurrenz zum Arbeitgeber treten. Das bedeutet, er darf neben seiner Tätigkeit beim Arbeitgeber kein eigenes Unternehmen führen, dass in Konkurrenz zum Arbeitgeber steht oder ein Konkurrenzunternehmen mit Rat und Tat unterstützen. Dies gilt insbesondere bei kaufmännischen Angestellten gem. § 60 HGB für die Dauer des Arbeitsverhältnisses;

es wurde mittlerweile aber auf alle anderen Berufszweige übertragen. Das gesetzliche Wettbewerbsverbot endet mit Ausscheiden aus dem Betrieb des Arbeitgebers.

> **Vertragliches Wettbewerbsverbot:** Soll das Wettbewerbsverbot auch nach Ausscheiden aus dem Betrieb fortbestehen, muss es vor Beendigung des Arbeitsverhältnisses vertraglich zwischen Arbeitgeber und Arbeitnehmer vereinbart werden. Es ist Schriftform erforderlich, darf höchstens für zwei Jahre und gegen Entgelt abgeschlossen werden.

Nebentätigkeiten

Die Nebentätigkeit eines Arbeitnehmers ist grundsätzlich zulässig. Die Möglichkeit, eine Nebentätigkeit auszuüben, wird aber beschränkt durch gesetzliche Regelungen (z.B. Arbeitszeit) und vielfach auch durch Tarifvertrag, Betriebsvereinbarung oder durch ausdrücklichen Wortlaut im Arbeitsvertrag. Allerdings darf durch die Ausübung der Nebentätigkeit die Haupttätigkeit nicht beeinträchtigt werden. So darf kein Nebenjob zum Nachteil des Hauptarbeitgebers ausgeübt werden und folglich ist die Ausübung von Tätigkeiten untersagt, an deren Unterlassung der Arbeitgeber ein berechtigtes Interesse hat.

> Entgegen der weit verbreiteten Meinung können Arbeitgeber ihren Mitarbeitern durch Standard-Formulierungen im Arbeitsvertrag (z.B. Nebentätigkeitsverbot) nicht generell die Aufnahme von Nebenjobs verbieten.

Überstunden/Mehrarbeit

Das Weisungsrecht berechtigt den Arbeitgeber grundsätzlich nicht dazu, vom Arbeitnehmer Überstunden bzw. Mehrarbeit zu verlangen. Das liegt daran, dass der Arbeitsvertrag normalerweise den Umfang der von den Arbeitnehmern zu leistenden Arbeit festlegt. Ohne eine ausdrückliche Rechtsgrundlage (Arbeitsvertrag, Tarifvertrag, Betriebsvereinbarung) kann der Arbeitnehmer nur bei Notfällen oder außergewöhnlichen Situationen verpflichtet sein, Überstunden zu leisten. Dann haben die Arbeitnehmer in der Regel einen Anspruch auf Freizeitausgleich. Je nach Betrieb bzw. Arbeitgeber sind auch bezahlte Überstunden möglich.

In vielen Arbeitsverträgen finden sich Klauseln zu Überstunden und deren Vergütung, die jedoch nicht immer wirksam sind.

> Hier finden sich übliche Klauseln und eine Einschätzung zu deren Wirksamkeit:
> - „Erforderliche Überstunden werden nicht gesondert vergütet, sondern sind mit dem Gehalt abgegolten." Eine solche Klausel ist unwirksam, da der Arbeitnehmer nicht erkennen kann, wann Überstunden erforderlich sein sollen (BAG, Urteil vom 01.09.2010, Az. 5 AZR 517/09).
> - „Überstunden werden nicht gesondert vergütet, sondern sind mit dem monatlichen Festgehalt abgegolten." Eine solche Klausel ist unwirksam, da der Arbeitnehmer nicht wissen kann, wie viele unbezahlte Überstunden ihm künftig abverlangt werden (LAG Düsseldorf, Urteil vom 11.07.2008, Az. 9 Sa 1958/07).
> - „Überstunden werden nicht gesondert vergütet, sondern sind mit dem Gehalt abgegolten, soweit sie einen Umfang von drei Stunden pro Woche / zehn Stunden pro Kalendermonat nicht überschreiten. Darüber hinausgehende Überstunden werden auf der Grundlage des monatlichen Grundgehaltes gesondert bezahlt." Eine solche Klausel ist wirksam (BAG, Urteil vom 16.05.2012, Az. 5 AZR 331/11).

Die **Lage der Arbeitszeit** kann der Arbeitgeber jedoch einseitig gem. § 106 Satz 1 GewO ändern (nicht die Anzahl der wöchentlichen Arbeitszeit). Auch die Anordnung von Samstagsarbeit betrifft die Lage der Arbeitszeit, d.h. ihre Verteilung auf die Wochentage, und hat mit Überstunden nichts zu tun.

3.2.1.3 Schadensersatzpflicht (Arbeitnehmerhaftung)

Wenn der Arbeitnehmer bei der Arbeit einen Schaden verursacht, stellt sich die Frage, ob der Arbeitgeber dem Arbeitnehmer eine Abmahnung erteilen oder sogar - ordentlich oder außerordentlich - kündigen kann, und ob der Arbeitnehmer dem Arbeitgeber gegenüber zum Ersatz des Schadens verpflichtet ist.

Die Haftung auf Schadensersatz setzt voraus:
Der Arbeitnehmer muss
1. gegen seine arbeitsrechtlichen Pflichten verstoßen haben
2. den Pflichtverstoß schuldhaft, d.h. vorsätzlich oder fahrlässig begangen haben und
3. dadurch einen Schaden verursacht haben (Kausalität).

Ein **Pflichtverstoß** ist in den meisten Fällen klar gegeben, da die arbeitsvertraglichen Pflichten, die den Arbeitnehmer treffen, weit gespannt sind. Auch Übermüdung, plötzliche Arbeitsüberlastung oder andere Umstände dieser Art ändern in aller Regel erst einmal nichts daran, dass praktisch **jeder schadensursächliche Fehler**, den man als Arbeitnehmer machen kann, zugleich eine Verletzung rechtlicher Pflichten ist.

Auch eine weitere allgemeine Voraussetzung für die Verpflichtung zum Schadensersatz - dass man nämlich schuldhaft gehandelt hat -, also mit **Vorsatz** (Handeln mit Wissen und Wollen) oder wenigstens mit **Fahrlässigkeit** (Außerachtlassen der im Verkehr erforderlichen Sorgfalt), ist meistens zu bejahen (vgl. §§ 278, 280 BGB).

Damit der Arbeitnehmer nicht durch eine kleine Unachtsamkeit bis an sein Lebensende für die Folgen zahlen muss, hat die **Rechtsprechung des Bundesarbeitsgerichts** (BAG) den Umfang der Haftung nach dem Grad des individuellen Verschuldens wie folgt festgelegt:

- Bei **Vorsatz und grober Fahrlässigkeit** des Arbeitnehmers muss der Arbeitnehmer den **Schaden in voller Höhe** erstatten.

Grobe Fahrlässigkeit liegt dann vor, wenn man ganz naheliegende Sorgfaltsregeln, die in der gegebenen Situation jeder befolgt hätte, außer Acht lässt. Man muss förmlich die Hände über dem Kopf zusammenschlagen, wenn man von dem Schadensereignis erfährt (Alkohol am Steuer, Einfahren in eine Kreuzung bei roter Ampel, Telefonieren mit dem Mobiltelefon im Auto ohne Freisprechanlage).

Ausnahmen von der vollen Ersatzpflicht des Arbeitnehmers können dann gegeben sein, wenn er dadurch wirtschaftlich ruiniert wäre oder der Arbeitgeber das Schadensrisiko erhöht hat (z.B. keine Versicherung abgeschlossen hat).

- Bei **mittlerer Fahrlässigkeit** des Arbeitnehmers wird der Schaden zwischen dem Arbeitgeber und dem Arbeitnehmer **zur Hälfte** aufgeteilt.

Die mittlere Fahrlässigkeit ist die normale Fahrlässigkeit, d.h. das Außerachtlassen der im Verkehr erforderlichen Sorgfalt und es sind keine Hinweise auf grobe oder leichte Fahrlässigkeit ersichtlich.

Ausnahmen von der hälftigen Ersatzpflicht des Arbeitnehmers sind abhängig von
- der Größe der Gefahr
- Höhe des Entgelts
- Stellung des Arbeitnehmers im Betrieb
- Unterhaltspflichten
- Alter
- Dauer der Betriebszugehörigkeit.

- Bei **leichter Fahrlässigkeit** muss der Arbeitnehmer **keinen Schadensersatz** leisten. Leichte Fahrlässigkeit ist gegeben, wenn nur ein ganz geringes Verschulden vorliegt. Hierunter fallen insbesondere Bedienungsfehler.

Haftung gegenüber Dritten: Hat der Arbeitnehmer im Rahmen einer betrieblich veranlassten Tätigkeit einer dritten Person einen Schaden zugefügt, so haftet er zwar dem Dritten gegenüber auf den vollen Schaden (§§ 823, 249 ff. BGB). Er hat jedoch gegen den Arbeitgeber einen sog. **Freistellungsanspruch**, soweit er nach den genannten Grundsätzen nicht oder nicht in vollem Umfang haftet. Das heißt, er kann vom Arbeitgeber verlangen, dass dieser den Schaden in Höhe seiner Haftungsquote gegenüber dem Dritten begleicht. Eine Haftung für Personenschäden unter Arbeitskollegen ist ausgeschlossen, da hier die gesetzliche Unfallversicherung des Arbeitgebers eingreift.

3.2.2 Pflichten des Arbeitgebers

Auch der Arbeitgeber hat Haupt- und Nebenpflichten aus dem Arbeitsverhältnis zu beachten.

3.2.2.1 Vergütungspflicht

Die Vergütungspflicht ist die Hauptpflicht des Arbeitgebers. Entgeltzahlungen müssen spätestens am Ende eines jeden Monats erfolgen. Ferner ist der Arbeitgeber zur Abführung der Beiträge zur gesetzlichen Sozialversicherung verpflichtet.

Arbeitnehmer müssen in Geld entlohnt werden. Die schwerpunktmäßige Entlohnung in Waren, Gutscheinen oder ähnlichem ist verboten. Solche Waren, Gutscheine oder Vergünstigungen dürfen aber als Lohnnebenleistungen erbracht werden.

Zum 1. Januar 2015 wird ein flächendeckender gesetzlicher **Mindestlohn** von 8,50 Euro brutto je Zeitstunde für das ganze Bundesgebiet für alle Branchen gesetzlich eingeführt, vgl. Mindestlohngesetz (MiLoG ist in Artikel 1 des Tarifautonomiestärkungsgesetzes enthalten).

> Ausnahmen: Jugendliche unter 18 Jahren sowie Auszubildende. Langzeitarbeitslose, die länger als ein Jahr arbeitslos sind, haben bei Aufnahme einer neuen Beschäftigung in den ersten sechs Monaten keinen Anspruch auf Mindestlohn. Übergangsregelungen bis zum Jahre 2017 gibt es für Zeitungszusteller. Für Saisonarbeiter etwa in der Landwirtschaft oder in der Gastronomie gilt der Mindestlohn von 8,50 Euro bereits ab 2015. Allerdings wird die kurzfristige Beschäftigung, in denen sie von der Sozialversicherungspflicht befreit sind, von 50 auf 70 Tage ausgeweitet, befristet auf vier Jahre. Die Verrechnung von Kost und Logis wird erleichtert. Bei freiwilligen Praktika greift ein Mindestlohn erst bei einer Praktikumsdauer von mehr als drei Monaten und Branchen mit länger laufenden Tarifverträgen können von der gesetzlichen Lohnuntergrenze für zwei weitere Jahre nach unten abweichen.

Von 2016 an soll die Höhe der flächendeckenden Lohnuntergrenze alle zwei Jahre von einer Mindestlohnkommission festgelegt werden, in der Arbeitgeber und Arbeitnehmer vertreten sind. Der Zoll soll durch verstärkte Kontrollen die Einhaltung der neuen Mindestlohn-Regeln sicherstellen.

An den Arbeitnehmer wird der Bruttolohn ausgezahlt abzüglich:
- Lohnsteuer,
- evtl. Kirchensteuer
- Solidaritätszuschlag
- Arbeitnehmer-Anteil der Sozialversicherungsbeiträge

> **Weihnachtsgeld** und **Urlaubsgeld** sind keine gesetzlich geschuldeten Leistungen, sondern werden nur aufgrund von vertraglichen Regelungen oder betrieblicher Übung geschuldet. Sind diese Leistungen im Arbeitsvertrag oder im Tarifvertrag festgelegt, besteht ein Anspruch des Arbeitnehmers auf Zahlung dieser Gratifikationen. **Freiwillige Zuwendungen** des Arbeitgebers an seine Mitarbeiter, die nicht in den Betriebsvereinbarungen, Tarif- oder Arbeitsverträgen geregelt sind, können oft unerwartet zu einer „betrieblichen Übung" werden. Damit wird die Leistungsverpflichtung als dauerhaft angesehen. Unter einer **betrieblichen Übung** versteht man die regelmäßige Wiederholung bestimmter, gleichförmiger Verhaltensweisen des Arbeitgebers, die den Arbeitnehmern das Vertrauen entstehen lassen, dass ihnen die bestimmte Vergünstigung auf Dauer gewährt werden soll. Die häufigsten Fälle sind Zahlungen von Gratifikationen, Prämien, Weihnachts- und Urlaubsgeld sowie Regelungen zu

Pausen und Urlaubsgewährung. Zahlt der Arbeitgeber also **mindestens dreimal hintereinander** z.B. das Weihnachtsgeld in gleicher Art und Weise, so ist eine betriebliche Übung im Unternehmen entstanden, auf die die Arbeitnehmer einen Anspruch haben. **Dies gilt nicht**, wenn der Arbeitgeber die Vergünstigungen unter dem eindeutigen und unmissverständlichen **Vorbehalt der Freiwilligkeit** und ohne Begründung einer Rechtspflicht gewährt.

Der **Gleichbehandlungsgrundsatz** des GG/des AGG verbietet eine willkürliche Schlechterstellung einzelner Arbeitnehmer, z.B. ein geringerer Lohn für Frauen bei gleicher und gleichwertiger Arbeit.

Vergütung bei Urlaub, Sonn- und Feiertagen: Für die Zeit der gesetzlichen bzw. vertraglichen Urlaubstage sowie an nicht arbeitenden bzw. freigestellten Sonn- und Feiertagen erhält der Arbeitnehmer sein Arbeitsentgelt weiter.

Vergütungspflicht bei Krankheit: Bei unverschuldeter Krankheit bis zur Dauer von sechs Wochen muss der Arbeitgeber 100 % des Arbeitsentgelts weiter zahlen (§ 3 EntgFG). Danach zahlt die Krankenkasse für 78 Wochen 70 % des Bruttoentgeltes; bei erneuter unverschuldeter Arbeitsunfähigkeit zahlt der Arbeitgeber wegen derselben Krankheit, wenn der Arbeitnehmer zwischenzeitlich sechs Monate gearbeitet hat, erneut für sechs Wochen.
Voraussetzung der Entgeltfortzahlung ist, dass das Arbeitsverhältnis bereits vier Wochen ununterbrochen besteht.

Pflichten des Arbeitnehmers bei Krankheit:
1. Anzeigepflicht: Er muss dem Arbeitgeber unverzüglich eine Krankmeldung erstatten.
2. Nachweispflicht: Dauert die Arbeitsunfähigkeit länger als drei Kalendertage, muss der Arbeitnehmer dem Arbeitgeber eine ärztliche Arbeitsunfähigkeitsbescheinigung (AU) zukommen lassen. Aus dieser muss sich das Bestehen der Arbeitsunfähigkeit und deren voraussichtlicher Dauer ergeben. Der Arbeitgeber ist berechtigt, eine frühere AU - nach einem Tag oder auch für bestimmte Tage wie montags und freitags - zu verlangen. Der Arbeitgeber kann die Fortzahlung des Entgeltes verweigern, solange der Arbeitnehmer ihm die AU nicht vorlegt.

Bei gesetzlich versicherten Arbeitnehmern muss eine Bescheinigung ebenfalls an die Krankenkasse übersandt werden. Hat ein Dritter die Arbeitsverhinderung verursacht und stehen deshalb dem Arbeitnehmer Schadensersatzansprüche gegen den Dritten zu, so geht dieser Anspruch auf den Arbeitgeber über, soweit er das Entgelt gezahlt hat. Bei ernsthaften Zweifeln an der tatsächlichen Arbeitsunfähigkeit kann der Arbeitgeber ein Gutachten des Medizinischen Dienstes der Krankenversicherung erstellen lassen.

Der Anspruch auf Entgeltfortzahlung entsteht für den Arbeitnehmer nur, wenn die krankheitsbedingte Arbeitsunfähigkeit ohne sein **Verschulden** zustande kam. Verschulden liegt vor, wenn man grob gegen das von einem verständigen Menschen im eigenen Interesse zu erwartenden Verhalten verstößt (z.B. wenn er ohne Sicherheitsgurt Auto fährt und dadurch Verletzungen erleidet). Auch bei Krankheit/Verletzungen durch **gefährliche Sportarten** (z.B. Kickboxen, Fallschirmspringen, Motorcrossrennen, Bungeejumping, Klippenspringen) ist der Arbeitgeber von der Entgeltzahlung befreit. Bei diesen gefährlichen Sportarten wird ein Verschulden vorausgesetzt, da das Verletzungsrisiko nicht kontrolliert werden kann, so dass man sich unbeherrschbaren Gefahren aussetzt. Der Arbeitgeber darf dem Arbeitnehmer die Ausübung dieser Sportarten jedoch nicht verbieten, denn Art. 2 GG gewährt dem Arbeitnehmer das Recht auf freie Entfaltung der Persönlichkeit; es liegt also bei Ausübung dieser gefährlichen Sportart kein Verstoß gegen vertragliche Pflichten vor. Bei **anderen Sportarten** (Fußballspielen, Skifahren), die nicht als gefährliche Sportart gelten, kann ein Verschulden dann angenommen werden, wenn der Arbeitnehmer in grober und leichtsinniger Art und Weise gegen die anerkannten Regeln dieser Sportart verstoßen hat.

3.2.2.2 Beschäftigungspflicht

Der Arbeitnehmer hat das Recht auf Beschäftigung im Betrieb entsprechend der vertraglich vereinbarten Arbeit. Darüber hinaus existiert auch - nach einer Kündigung - im Kündigungsrechtsstreit ein Anspruch auf Weiterbeschäftigung zwischen den Instanzen, sofern der Arbeitnehmer den Kündigungsschutzprozess in der ersten Instanz gewinnt (sog. allgemeiner Weiterbeschäftigungsanspruch; nach dem BAG beruht dieser auf § 242 BGB).

3.2.2.3 Fürsorgepflicht

Die allgemeine Fürsorgepflicht beinhaltet Schutz-, Sorgfalts- und Auskunftspflichten.

1. Schutz-und Sorgfaltspflichten
Die Sorgfaltspflicht des Arbeitgebers umfasst sämtliche Vorkehrungen zum Schutz von Leben und Gesundheit der Arbeitnehmer im Rahmen des Geschäftsbetriebs, z.B. Instandhaltung der Betriebsräume und Unfallverhütung (§ 618 BGB).

2. Auskunftspflichten
Der Arbeitgeber hat unaufgefordert über alle Umstände zu informieren, die dem Arbeitnehmer unbekannt, aber für Entscheidungen im Zusammenhang mit der Durchführung des Arbeitsvertrags erheblich sind.

Fürsorgepflichten bestimmen sich nach der Verkehrsauffassung und betrieblicher Übung. Die Fürsorgepflicht steigert sich bei besonders schutzwürdigen Arbeitnehmergruppen (z.B. Schwangere, Jugendliche, Schwerbehinderte). Zur Fürsorgepflicht zählt auch die **Urlaubsgewährung** (der Arbeitnehmer soll sich im Urlaub erholen).

Weitere **Fürsorgepflichten** des Arbeitgebers zum **Schutz von Persönlichkeitsrechten:**
- Schutz vor ungerechter Behandlung durch Vorgesetzte
- Schutz vor rechtswidrigen Handlungen von Arbeitskollegen
- Schutz vor heimlichen Abhören von Telefongesprächen

> Für bei der Arbeit erlittene Sachschäden des Arbeitnehmers hat der Arbeitgeber im Falle seines Verschuldens einzutreten. Bei den eingebrachten Sachen des Arbeitnehmers hat der Arbeitgeber bei den persönlich unentbehrlichen Sachen (Kleidung, Fahrkarten, Geldbeträge) sowie unmittelbar arbeitsdienlichen Sachen (Werkzeuge, Fachbücher) eine Obhuts- und Verwahrungspflicht. Stellt der Arbeitgeber keine angemessene Verwahrmöglichkeit zur Verfügung, kann er bei Verlust oder Schädigung auf Schadensersatz in Anspruch genommen werden.

3.2.2.4 Zeugniserteilungspflicht

Bei Beendigung des Arbeitsverhältnisses haben alle Arbeitnehmer (auch geringfügig Beschäftigte, Aushilfen) einen Anspruch auf Erteilung eines Arbeitszeugnisses (§ 630 BGB i.V.m. § 109 GewO).

Es gibt zwei Arten von Zeugnissen: Das einfache und das qualifizierte Zeugnis. Auf Wunsch des Arbeitnehmers hat der Arbeitgeber ihm ein qualifiziertes Zeugnis zu erteilen.

Bestandteile eines einfachen Arbeitszeugnisses:
- Angaben zum Arbeitgeber (Briefbogen)
- Überschrift: Zeugnis (oder Zwischenzeugnis)
- Angaben zum Arbeitnehmer (Titel, Vor- und Zuname, Geburtsdatum)
- Ein- und Austrittsdatum
- Stellenbezeichnung bzw. ausgeübte Funktion
- Ort und Datum der Ausstellung
- Unterschrift

Bestandteile eines qualifizierten Arbeitszeugnisses
- Die Angaben des einfachen Zeugnisses
- Ausführliche Beschreibung der ausgeführten Tätigkeiten
- Beurteilung der Arbeitsleistung
- Beurteilung des Sozialverhaltens

Was beispielsweise nicht im Arbeitszeugnis stehen darf:
- Negative Beobachtungen und Bemerkungen
- Gehalt
- Kündigungsgründe
- Vorstrafen
- Abmahnungen
- Krankheiten
- Fehlzeiten
- Leistungsabfall
- Alkoholabhängigkeit
- Behinderungen
- Betriebsratstätigkeit

Der Arbeitnehmer hat bei Vorliegen eines wichtigen Grundes auch einen Anspruch auf ein **Zwischenzeugnis** (z.B. bei Elternzeit, Vorgesetzter wechselt Position oder scheidet aus Betrieb aus) oder eines vorläufigen Zeugnisses.

Achtung: Im Zeugnis darf nichts unterstrichen, kursiv gedruckt oder gefettet werden. Die Fälligkeit des Zeugnisses ist am letzten Arbeitstag. Die allgemeine Verjährung beträgt gem. § 195 BGB drei Jahre; in vielen Tarifverträgen hat man jedoch kürzere Verjährungsfristen. In der Praxis ist es mittlerweile üblich, dass das Zeugnis vom Arbeitgeber auf der Grundlage eines vom Arbeitnehmer vorgelegten Entwurfes erteilt wird. Der Arbeitnehmer hat gegen den Arbeitgeber einen Anspruch auf Erteilung eines wahren Arbeitszeugnisses. Die Darlegungs- und Beweislast trifft dabei denjenigen, der eine Abweichung von der durchschnittlichen Note - in der Praxis mittlerweile die Note „gut" - geltend macht. Außerdem muss der Arbeitgeber dem Arbeitnehmer nach der Kündigung eine angemessene Zeit zum Suchen eines neuen Arbeitsplatzes gewähren (§ 629 BGB).

Wenn das Zeugnis des Arbeitgebers unrichtig ist, hat der Arbeitnehmer folgende Möglichkeiten:
1. Zeugnisberichtigungsanspruch gegen den Arbeitgeber (§ 280 f. BGB)
2. Klage beim Arbeitsgericht auf Erteilung eines neuen Zeugnisses, ggfs. auf Schadensersatz.

Zeugnissprache

Grundsatz des Wohlwollens: Das Arbeitszeugnis soll dem Arbeitnehmer das berufliche Fortkommen erleichtern. Das Zeugnis muss deshalb von verständigem Wohlwollen geprägt sein und soll das weitere Fortkommen des Arbeitnehmers nicht unnötig erschweren; die Grenze zieht sich an der Wahrheitspflicht.

Grundsatz der Wahrheit: Auf die Angaben des Zeugnisses muss man sich verlassen können. Die Informationen müssen stimmen.

Grundsatz der Klarheit: Die Aussagen müssen eindeutig und in klar verständliche Sprache abgefasst werden. Die Richtigkeit der Angaben sollte überprüfbar sein. Geheime Zeichen und Formulierungen (Geheimsprache) verstoßen gegen den Grundsatz der Klarheit und sind unzulässig (obwohl in der Praxis üblich).

Grundsatz der Vollständigkeit: Das Zeugnis muss alle notwendigen Angaben zur Person, der Tätigkeitsdauer und alle wesentlichen Tatsachen dieses Zeitabschnittes enthalten.

Redewendungen in der Praxis:
Er/Sie hat die ihm/ihr übertragenen Aufgaben

- stets zu unserer vollsten Zufriedenheit erledigt = sehr gute Leistung - Note 1
- stets zu unserer vollen Zufriedenheit erledigt = gute Leistung - Note 2
- zu unserer vollen Zufriedenheit erledigt = befriedigende Leistung - Note 3
- zu unserer Zufriedenheit erledigt = ausreichende Leistung - Note 4
- war stets bemüht, die ihr übertragenen Aufgaben = mangelhafte Leistung - Note 5

3.3 Probezeit

Bei fast jedem neuen Arbeitsverhältnis wird eine Probezeit vereinbart, um die fachliche Qualifikation des neuen Mitarbeiters prüfen zu können und sich gegenseitig kennen zu lernen. Im normalen Arbeitsverhältnis ist die Vereinbarung einer Probezeit keine Pflicht (anders als im Berufsausbildungsverhältnis; hier muss die Probezeit mindestens einen Monat und höchstens vier Monate betragen).

> Wird eine Probezeit vereinbart, sollte sie sechs Monate nicht überschreiten.

In Tarifverträgen werden häufig kürzere Probezeiten vereinbart. Die **Kündigungsfrist** während der sechsmonatigen Probezeit beträgt für beide Parteien **zwei Wochen** ohne Einhaltung eines Enddatums (§ 622 Abs.3 BGB). Kündigungen müssen immer schriftlich erfolgen und werden erst mit Zugang beim Empfänger wirksam (sogenannte empfangsbedürftige Willenserklärung).
Mit dem Arbeitnehmer kann auch - statt eines unbefristeten Arbeitsvertrages mit einer vereinbarten Probezeit - zunächst ein befristeter Probearbeitsvertrag geschlossen werden.

3.4 Urlaubsanspruch

3.4.1. Erholungsurlaub

Der Urlaubsanspruch leitet sich aus der Fürsorgepflicht des Arbeitgebers ab. Der Anspruch ergibt sich entweder aus dem Arbeits- oder Tarifvertrag; ansonsten gilt die Mindesturlaubsregelung des Bundesurlaubsgesetzes (BUrlG). Nach den Bestimmungen des BUrlG hat der Arbeitnehmer in jedem Kalenderjahr Anspruch auf bezahlten Erholungsurlaub.

> Gesetzlicher Mindesturlaub nach § 3 BUrlG: 24 Werktage bezahlten Urlaub pro Kalenderjahr.

Werktage sind alle Tage, die keine Sonntage oder gesetzlichen Feiertage sind, d.h. im Verlauf einer normalen Woche sind es sechs Tage von Montag bis einschließlich Samstag.

Der gesetzliche Mindesturlaub von 24 Werktagen entspricht daher in Wochen umgerechnet einem Urlaub von vier Wochen. Für Arbeitnehmer, die weniger als sechs Werktage in der Woche arbeiten, ist der gesetzliche Anspruch, der im Umfang von 24 Werktagen besteht, in Arbeitstage umzurechnen. Wer zum Beispiel fünf Tage in der Woche arbeitet (Montag bis Freitag), hat einen Anspruch auf 20 Arbeitstage Urlaub, wer vier Tage in der Woche arbeitet, einen Anspruch auf 16 Arbeitstage usw. Umrechnungsformel: 24 Werktage : 6 Werktage = 4 Wochen Urlaub; 4 Wochen x 5 Arbeitstage = 20 Arbeitstage Urlaub.

Erst nach einer **Wartezeit von sechs Monaten** im Betrieb hat der Arbeitnehmer gem. § 4 BUrlG den vollen Urlaubsanspruch für das ganze Kalenderjahr; Anspruch auf anteiligen Urlaub - $1/12$ des Jahresurlaubs für jeden vollen Monat des Bestehens des Arbeitsverhältnisses - hat der Arbeitnehmer schon vorher.

Zeitpunkt und Übertragung des Urlaubs:
Die Festlegung bzw. Gewährung des Urlaubs erfolgt ausschließlich durch den Arbeitgeber. Grundsätzlich richtet sich der Zeitpunkt nach § 7 BUrlG. Danach ist der Urlaub zusammenhängend zu gewähren und die Urlaubswünsche des Arbeitnehmers sind zu berücksichtigen. Hier kann der Arbeitgeber nur dringende betriebliche Gründe oder Urlaubswünsche anderer Arbeitnehmer, die unter sozialen Gesichtspunkten den Vorrang verdienen, entgegenhalten. Grundsätzlich muss der Urlaub in dem laufenden Kalenderjahr genommen werden. Eine Übertragbarkeit auf das nächste Kalenderjahr ist nur unter bestimmten Voraussetzungen möglich. Nur wenn betriebliche Gründe (z.B. erhöhter Arbeitsanfall) oder in der Person des Arbeitnehmer liegende Gründe (z.B. lange

Krankheit) vorliegen, kann der Urlaub nach Vereinbarung mit dem Arbeitgeber auf die ersten drei Monate des folgenden Kalenderjahres gewährt und genommen werden (§ 7 Abs. 3 BUrlG). Das bedeutet, dass der Urlaubsanspruch ab dem 01. April des Folgejahres erlischt. Der Anspruch auf Urlaub besteht nicht, soweit dem Arbeitnehmer für das laufende Kalenderjahr bereits von einem früheren Arbeitgeber Urlaub gewährt worden ist. Der Arbeitgeber ist verpflichtet, bei Beendigung des Arbeitsverhältnisses dem Arbeitnehmer eine Bescheinigung über den im laufenden Kalenderjahr gewährten oder abgegoltenen Urlaub auszuhändigen (vgl. § 6 BUrlG).

Urlaubsabgeltung:
Der Urlaub soll der Erholung des Arbeitnehmers dienen. Einen Anspruch auf Urlaubsabgeltung hat er grundsätzlich nicht. Nur wenn ein Arbeitsverhältnis beendet wird und der Urlaub ganz oder teilweise nicht mehr gewährt werden kann, ist eine finanzielle Urlaubsabgeltung zulässig (§ 7 Abs. 4 BUrlG). Voraussetzung des Abgeltungsanspruches ist, dass der Urlaubsanspruch wirksam bei Beendigung des Arbeitsverhältnisses besteht. Die Höhe der Abgeltung entspricht dem durchschnittlichen Arbeitsverdienst der letzten 13 Wochen vor dem Ende des Arbeitsverhältnisses.

Krankheit während des Urlaubs: Wer während seines Urlaubs erkrankt, sollte unverzüglich einen Arzt aufsuchen und sich ein ärztliches Attest ausstellen lassen. Nur die durch ärztliches Attest nachgewiesenen Krankheitstage während des Urlaubs werden berücksichtigt und auf die Urlaubszeit nicht angerechnet (§ 9 BUrlG). Auch in diesem Fall muss dem Arbeitgeber unverzüglich die Arbeitsunfähigkeit und voraussichtliche Dauer mitgeteilt werden.

Urlaubsansprüche besonderer Personenkreise:
Jugendliche nach dem Jugendarbeitsschutzgesetz (JArbSchG):
- 15-Jährige erhalten 30 Werktage Urlaub pro Kalenderjahr
- 16-Jährige erhalten 27 Werktage Urlaub pro Kalenderjahr
- 17-Jährige erhalten 25 Werktage Urlaub pro Kalenderjahr.

Schwerbehinderte Menschen nach dem Sozialgesetzbuch (SGB)
Schwerbehinderte haben Anspruch auf fünf zusätzlich bezahlte Urlaubstage (§ 125 SGB IX).

3.4.2 Besondere Ansprüche

Elternzeit für Mütter und Väter nach dem Bundeselterngeld- und Elternzeitgesetz (BEEG): Einen Anspruch auf Elternzeit hat der Arbeitnehmer für jedes Kind bis zum 3. Lebensjahr des Kindes, ein Verzicht hierauf in einem Arbeitsvertrag ist rechtsunwirksam. Die Zustimmung des Arbeitgebers ist nicht erforderlich. Die Elternzeit kann ganz oder anteilig von jedem Elternteil allein oder gemeinsam genommen werden.

Die **Anspruchsvoraussetzungen** sind, dass
- der Arbeitnehmer in einem Arbeitsverhältnis steht
  (auch befristetes Arbeitsverhältnis und Ausbildungsverhältnis)
- der Arbeitnehmer mit dem (auch adoptierten) Kind in einem Haushalt lebt und
- dieses Kind selbst betreut (§ 15 BEEG).

Die Inanspruchnahme von Elternzeit muss dem Arbeitgeber spätestens sieben Wochen vor Beginn der Elternzeit schriftlich angezeigt werden. Der Arbeitnehmer kann während der Elternzeit bis zu 30 Wochenstunden erwerbstätig sein (Teilzeit). Es ist nun auch möglich, zunächst nur einen Teil der Elternzeit zu nehmen und bis zu zwölf Monate Elternzeit aufzusparen. Man kann dann die aufgesparte Elternzeit zu einem frei gewählten Zeitpunkt nehmen, bis zum achten Lebensjahres des Kindes. Hier muss jedoch der Arbeitgeber zustimmen. Während der gesamten Elternzeit besteht ein Sonderkündigungsschutz.

> Nach der Elternzeit hat der Arbeitnehmer keinen Anspruch auf denselben, sondern nur auf einen gleichwertigen Arbeitsplatz, wobei die neue Tätigkeit der alten im Wesentlichen entsprechen muss, sonst ist die Versetzung unzulässig (Gehalt, Arbeitszeit, Arbeitsentgelt, Arbeitsort, Tätigkeitsbeschreibung sowie Qualifikation des Arbeitnehmers muss gleichwertig sein). Nach der Elternzeit kann der Arbeitnehmer unter den Voraussetzungen des TzBfG eine Teilzeitbeschäftigung beim Arbeitgeber beantragen (siehe Teilzeitarbeitsverhältnis).

Anspruch auf Elterngeld gem. § 1 BEEG hat, wer
1. einen Wohnsitz oder seinen gewöhnlichen Aufenthalt in Deutschland hat
2. mit seinem Kind in einem Haushalt lebt
3. dieses Kind selbst betreut und erzieht und
4. keine oder keine volle Erwerbstätigkeit ausübt.

Elterngeld erhalten Eltern für maximal zwölf Monate bzw. 14 Monate, wenn auch der andere Elternteil sich an der Elternzeit beteiligt. Seit dem 01.01.2013 kommt es bei der Berechnung des Elterngeldes nicht mehr auf das Nettoeinkommen der letzten zwölf Monate vor der Geburt eines Kindes an, sondern auf das Bruttoeinkommen des gleichen Zeitraums. Das bedeutet, dass statt individueller Abzüge für Kranken-, Pflege-, Renten- und Arbeitslosenversicherung ein Pauschalsatz von 21 % abgezogen wird.

Der Mindestbetrag beträgt 300 Euro im Monat (Studierende, Hausfrauen, Hausmänner). Wer jedoch seine Berufstätigkeit für die Kinderbetreuung unterbricht, erhält 67 % des durchschnittlichen Monatseinkommens, das im Zeitraum von zwölf Monaten vor der Geburt des Kindes erzielt wurde; der Höchstbetrag beträgt 1.800 Euro. Eltern mit einem Nettoeinkommen von mehr als 1.200 Euro erhalten statt der 67 % nur noch 65 %.

Die Kernpunkte der Reform des Bundeselterngeld- und Elternzeitgesetzes von Bundesfamilienministerin Manuela Schlesig 2014 sehen vor, den Elterngeldbezug bei gleichzeitiger Teilzeittätigkeit um vier zusätzliche Elterngeld-Plus-Monate zu verlängern. Eltern, die sich die Erziehungsarbeit im ersten Lebensjahr ihres Nachwuchses teilen und beide im Umfang von 25 bis max. 30 Wochenstunden arbeiten, soll ein zusätzlicher Partnerschaftsbonus in Höhe von 10 % des errechneten monatlichen Elterngeldanspruches gewährt werden.

3.4.3 Bildungsurlaub

Arbeitnehmerweiterbildung erfolgt über die Freistellung von der Arbeit zum Zwecke der beruflichen und politischen Weiterbildung in anerkannten Bildungsveranstaltungen bei Fortzahlung des Arbeitsentgelts nach dem Arbeitnehmerweiterbildungsgesetz (AWbG). Berufliche Arbeitnehmerweiterbildung fördert die berufsbezogene Handlungskompetenz der Beschäftigten und verbessert deren berufliche Mobilität. Bildungsinhalte, die sich nicht unmittelbar auf eine ausgeübte berufliche Tätigkeit beziehen, sind eingeschlossen, wenn sie in der beruflichen Tätigkeit zumindest zu einem mittelbar wirkenden Vorteil des Arbeitgebers verwendet werden können. Es handelt sich also nicht um einen Erholungsurlaub; der Arbeitgeber bezahlt in der Regel zwar die Freistellung, aber nicht das Seminarangebot oder mögliche Reisekosten.

Arbeitnehmer haben in NRW einen Anspruch auf Weiterbildung von **fünf Arbeitstagen pro Kalenderjahr.** Der Anspruch von zwei Kalenderjahren kann zusammengefasst werden. Wird regelmäßig an mehr oder weniger als fünf Tagen in der Woche gearbeitet, so erhöht oder verringert sich der Anspruch entsprechend. Ein Arbeitnehmer erwirbt den Anspruch nach sechsmonatiger Betriebszugehörigkeit und er muss seinen Anspruch mindestens sechs Wochen vor Beginn der Veranstaltung dem Arbeitgeber schriftlich mitteilen; Arbeitgeber müssen innerhalb von drei Wochen schriftlich ablehnen (wenn wichtige betriebliche Gründe entgegenstehen); sonst gilt die Freistellung als erteilt.

••• 4 Beendigung des Arbeitsverhältnisses

Das Arbeitsverhältnis kann aus folgenden Gründen beendet werden
  zukünftig durch:
  - Kündigung des Arbeitsvertrages von beiden Vertragsparteien
  - Einvernehmliche Aufhebung des Arbeitsvertrages,
  - Tod des Arbeitnehmers oder
  - Zeitablauf bei befristeten Arbeitsverträgen

rückwirkend durch:
- Anfechtung des Arbeitsvertrages

4.1 Kündigung

Die Kündigung ist eine einseitige Erklärung einer Vertragspartei der anderen gegenüber, das Arbeitsverhältnis von einem bestimmten Zeitpunkt an beenden zu wollen. Sie ist eine **empfangsbedürftige Willenserklärung** und wird erst durch Zugang beim Empfänger wirksam. Die Kündigung muss **immer schriftlich** erfolgen (§ 623 BGB - Schriftform); eine Kündigung per Fax oder e-Mail ist unwirksam. Der Betriebsrat muss vor jeder Kündigung gehört werden, ansonsten ist sie unwirksam. Das Arbeitsverhältnis kann nur als Ganzes gekündigt werden; eine Teilkündigung ist nicht möglich. Zu unterscheiden sind die ordentliche (fristgerechte) Kündigung und die außerordentliche (fristlose) Kündigung; diese können sowohl vom Arbeitgeber als auch Arbeitnehmer vorgenommen werden.

4.1.1 Ordentliche Kündigung

Die ordentliche Kündigung ist der Normalfall und das Arbeitsverhältnis endet nach Ablauf der entsprechenden Kündigungsfrist. Die **Kündigungsfristen** können sich aus dem Gesetz (BGB), dem einschlägigen Tarifvertrag oder dem Arbeitsvertrag ergeben.

Die **gesetzlichen Kündigungsfristen** für Arbeitnehmer und Arbeitgeber gem. § 622 BGB gelten, wenn weder im Arbeitsvertrag noch durch Tarifvertrag andere Kündigungsfristen vereinbart sind.

Gesetzliche Kündigungsfristen für den Arbeitnehmer:

Dauer des Arbeitsverhältnisses	Kündigungsfrist
während der Probezeit	2 Wochen zu jedem beliebigen Tag
nach der Probezeit	4 Wochen zum 15. oder zum Ende des Kalendermonats

Diese Frist für den Arbeitnehmer gilt immer, unabhängig von der Beschäftigungsdauer. Er muss keine Kündigungsgründe angeben.

Gesetzliche Kündigungsfristen für den Arbeitgeber:
Bestehen keine anderweitigen (wirksamen) Regelungen im Arbeits- oder Tarifvertrag, verlängert sich die Kündigungsfrist für den Arbeitgeber mit zunehmender Beschäftigungsdauer des Arbeitnehmers im Betrieb (Schutz für langjährig beschäftigte Arbeitnehmer).

Dauer des Arbeitsverhältnisses	Kündigungsfrist
während der Probezeit	2 Wochen zu jedem beliebigen Tag
nach der Probezeit bis 2 Jahre	4 Wochen zum 15. oder zum Ende des Kalendermonats
ab 2 Jahre	1 Monat zum Ende des Kalendermonats
ab 5 Jahre	2 Monate zum Ende des Kalendermonats
ab 8 Jahre	3 Monate zum Ende des Kalendermonats
ab 10 Jahre	4 Monate zum Ende des Kalendermonats
ab 12 Jahre	5 Monate zum Ende des Kalendermonats
ab 15 Jahre	6 Monate zum Ende des Kalendermonats
ab 20 Jahre	7 Monate zum Ende des Kalendermonats

> Die deutsche Regelung in § 622 Abs. 2 Satz 2 BGB ist nicht anwendbar (BAG, Urteil vom 01.09.2010, 5 AZR 700/09): War der Arbeitnehmer schon vor seinem 25. Geburtstag bei dem Arbeitgeber beschäftigt, müssen diese Zeiten für die Berechnung der Kündigungsfrist ebenfalls berücksichtigt werden. Das hat der Europäische Gerichtshof Anfang 2010 entschieden (EuGH, Urteil vom 19.01.2010, C-555/07), denn jüngere Arbeitnehmer dürfen nicht benachteiligt werden.

Abweichende vertragliche Kündigungsfristen
Gem. 622 Abs. 6 BGB können im **Arbeitsvertrag** längere Kündigungsfristen als die gesetzlichen vereinbart werden. Für den Arbeitnehmer darf jedoch keine längere Frist als für den Arbeitgeber vereinbart werden. Gem. 622 Abs. 5 BGB kann eine kürzere Kündigungsfrist als die gesetzliche grundsätzlich nicht vereinbart werden. Es gibt jedoch **zwei Ausnahmen:**

- Wenn der Arbeitnehmer nur zur **vorübergehenden Aushilfe** eingestellt ist und nicht länger als drei Monate im Betrieb beschäftigt wird oder
- der **Arbeitgeber nicht mehr als 20 Arbeitnehmer** beschäftigt und die Kündigungsfrist von mindestens vier Wochen nicht unterschritten wird.

Gem. 622 Abs. 4 BGB können durch **Tarifvertrag** abweichende Bestimmungen vereinbart werden, d.h. kürzere oder längere Fristen als die gesetzlichen Fristen sind möglich.

4.1.2 Außerordentliche Kündigung

Die außerordentliche Kündigung erfolgt **fristlos** ohne Einhaltung der gesetzlich geltenden Kündigungsfristen aus **wichtigem Grund,** beendet also das Arbeitsverhältnis vorzeitig. Ein solcher ist die grobe Verletzung einer vertraglichen Pflicht. Entscheidend ist, dass dem kündigenden Teil die Fortsetzung des Arbeitsverhältnisses nicht mehr zugemutet werden kann (626 BGB). Das Recht auf außerordentliche Kündigung kann vertraglich nicht ausgeschlossen werden. Der Kündigende muss dem anderen Teil auf Verlangen den Kündigungsgrund unverzüglich schriftlich mitteilen.

Wichtige Gründe für den **Arbeitgeber:**	**Wichtige Gründe** für den **Arbeitnehmer:**
• unberechtigte Arbeitsverweigerung • Diebstahl, Unterschlagung, Betrug • Vorlage falscher Zeugnisse • grobe Beleidigung oder Tätlichkeit (Körperverletzung) des Arbeitnehmers • eigenmächtiger Urlaubsantritt • angedrohtes Krankfeiern • Arbeitszeitbetrug • geschäftsschädigende Äußerungen über den Arbeitgeber im Internet	• mehrfache Nichtzahlung bzw. verspätete Zahlung des Entgeltes • grobe Beleidigung oder Tätlichkeit (Körperverletzung) des Arbeitgebers • Nichteinhaltung von Schutzvorschriften • Mobbing • sexuelle Belästigung am Arbeitsplatz

Eine fristlose Kündigung ist nur möglich, wenn der Kündigungsgrund ab Kenntniserlangung nicht mehr als zwei Wochen zurückliegt. Die Kündigung muss selbstverständlich auch hier schriftlich dem anderen zugehen (wirksam ab Zugang beim Empfänger).

4.1.3 Verdachtskündigung

Nach der Rechtsprechung kann auch - unter ganz engen Voraussetzungen - schon ein schwerwiegender Verdacht einer strafbaren Handlung oder schwerwiegende Pflichtverletzung ein wichtiger Grund zur außerordentlichen Kündigung gegenüber dem verdächtigen Arbeitnehmer darstellen (§ 626 BGB). Der Arbeitgeber muss die Kündigung darauf stützen, dass durch den Verdacht das für die Fortsetzung des Arbeitsverhältnisses erforderliche Vertrauen zerstört wurde. Der Verdacht muss „erdrückend" sein, d.h. es muss praktisch sicher sein, dass der Arbeitnehmer den Pflichtverstoß begangen hat, nur dass dieser eben nicht vor Gericht mit „hundertprozentiger" Sicherheit bewiesen werden kann (dringender Verdacht).

Voraussetzungen:
1. Der Arbeitgeber muss alle zumutbaren Anstrengungen zur Aufklärung des Sachverhaltes unternommen und
2. dem Arbeitnehmer Gelegenheit zur Stellungnahme (Anhörung) gegeben haben.

Fehlen diese Voraussetzungen, darf eine Verdachtskündigung nicht ausgesprochen werden.

4.1.4 Änderungskündigung

Die Änderungskündigung ist eine bedingte (ordentliche oder außerordentliche) Kündigung, mit der als Alternative zur Beendigung des Arbeitsverhältnisses die Fortsetzung zu anderen Bedingungen angeboten wird. Grundsätzlich gilt jedoch, dass die Arbeitsverträge so ausgeführt werden müssen, wie sie geschlossen worden sind. Deshalb ist Voraussetzung, dass die Geschäftsgrundlage für die bisherigen Gegenleistungen weggefallen sein muss, z.B. Umstrukturierung des Betriebes.

Es handelt sich bei der Änderungskündigung um eine Doppelerklärung des Arbeitgebers, da zum einen ein anderer Arbeitsinhalt angeboten wird und zum anderen (für die Nichtannahme des geänderten Arbeitsinhaltes) eine bedingte Kündigung ausgesprochen wird. Die Änderungskündigung ist als bedingte Kündigung ausnahmsweise zulässig (d.h. es ist allein vom Willen des Arbeitnehmers abhängig, ob die Bedingung eintritt). Sie erfasst aber das Arbeitsverhältnis als Ganzes, denn eine Teilkündigung, d.h. die auf einzelne Punkte beschränkte Kündigung, ist nicht möglich.

> Keine Änderungskündigung ist der Widerruf von Zusatzaufgaben und der Wegfall der dafür gewährten Zulagen, wenn der Arbeitgeber sich die einseitige Änderung vorbehalten hat (Widerrufsvorbehalt) und die Ausübung nicht zu einer Umgehung des Kündigungsschutzes führt.

4.1.5 Kündigung vor Arbeitsantritt

Eine Kündigung vor Arbeitsantritt kann für den Arbeitnehmer dann sinnvoll sein, wenn er nach Vertragsunterzeichnung ein besseres Stellenangebot bekommen hat. Es gelten dann die üblichen Kündigungsfristen und die Kündigungsfrist beginnt bereits mit Erklärung der Kündigung (BAG, Urteil vom 25.03.2004, Az. 2 AZR 324/03). Das Recht der Kündigung vor Arbeitsaufnahme hat auch der Arbeitgeber (BAG, Urteil vom 09.02.2006, Az. 6 AZR 283/05). Sobald die Kündigung zugestellt ist, beginnt die für die Probezeit vereinbarte Frist. Endet sie noch vor dem ursprünglich vereinbarten Start des Arbeitsverhältnisses, kommt es gar nicht zu einem Arbeitsbeginn. Aber Achtung: Einige Verträge sehen Vertragsstrafen für die Nichtaufnahme der Arbeit vor. Die Vertragsstrafe darf jedoch im

Regelfall nicht über ein Monatsgehalt hinausgehen. Es ist auch möglich, eine Aufhebung des Arbeitsvertrages zu vereinbaren, wenn der Arbeitgeber damit einverstanden ist.

4.2 Kündigungsschutzgesetz (KSchG)

Das KSchG soll den Arbeitnehmer vor willkürlichen Kündigungen durch den Arbeitgeber schützen. Sie sind demnach rechtsunwirksam, wenn sie „sozial ungerechtfertigt" sind. Das KSchG versucht einen Ausgleich zwischen den Interessen der Beteiligten zu schaffen und verwirklicht damit den Grundsatz der Sozialstaatlichkeit (Art. 20 GG).

Das Kündigungsschutzgesetz kommt zur Anwendung, wenn
- der Arbeitnehmer mindestens **sechs Monate** ohne Unterbrechung im Betrieb beschäftigt war (§ 1 KSchG) und
- im Betrieb regelmäßig mehr als **zehn Arbeitnehmer** beschäftigt sind (§ 23 KSchG).

Diese Voraussetzungen für die Anwendung des KSchG müssen erfüllt sein; d.h. Arbeitnehmer, bei denen die obigen Voraussetzungen nicht vorliegen, haben keinen Kündigungsschutz nach dem KSchG. Kleinbetriebe sollen hier ausgeschlossen werden. Zu den Arbeitnehmern zählen auch Leiharbeitnehmer und Teilzeitbeschäftigte entsprechend der Dauer ihrer Arbeitszeit anteilig (ab 30 Wochenstunden voll; Auszubildende zählen nicht mit). Wenn das KSchG nicht zur Anwendung kommt, muss der Arbeitgeber für eine Kündigung keinen Grund nachweisen.

> Diese Regelung der betrieblichen Voraussetzung gilt für Arbeitnehmer, die ein Arbeitsverhältnis nach dem 31.12.2003 begonnen haben, vgl. § 23 KSchG; für Arbeitnehmer, die vor dem 31.12.2003 bereits im Arbeitsverhältnis standen, gilt der Kündigungsschutz schon bei mehr als fünf Arbeitnehmern.

> Kündigungen sind nur dann **sozial gerechtfertigt**, wenn sie sich auf eine der drei nachfolgenden Kündigungsgründe stützen.

4.2.1 Personenbedingte Kündigung

Dieser Kündigungsgrund kann dann vorliegen, wenn der Arbeitnehmer durch einen in seiner Person liegenden Grund darin gehindert ist, seine Arbeitsleistung zu erbringen. Das kann persönliche, gesundheitliche oder fachliche Gründe haben, ohne dass ihm das vorzuwerfen wäre: Der Arbeitnehmer will zwar ordentlich arbeiten, kann es aber nicht mehr.

Beispiele für personenbedingte Gründe:
- fehlende Eignung
- häufige Kurzerkrankungen oder eine langandauernde Erkrankung
- dauernde Arbeitsunfähigkeit
- Alkoholabhängigkeit
- mangelnde Ausbildung

Hier ist der Arbeitgeber zunächst verpflichtet, einen Arbeitsplatz im Betrieb zu suchen, dessen Anforderungen der Arbeitnehmer trotz der personenbedingten Gründe noch erfüllen kann. Zudem hat hier eine Abwägung der Interessen des Arbeitgebers und des Arbeitnehmers stattzufinden.

Voraussetzungen der personenbedingten Kündigung:
1. Es muss feststehen, dass der Arbeitnehmer in der Zukunft nicht mehr in der Lage sein wird, seinen arbeitsvertraglichen Pflichten nachzukommen (negative Zukunftsprognose).
2. Dadurch sind wesentliche Interessen des Arbeitgebers beeinträchtigt.
3. Eine Interessenabwägung ergibt, dass die berechtigten Interessen des Arbeitgebers schützenswerter sind als die Interessen des Arbeitnehmers.

Wird dem Arbeitnehmer eine Arbeitsvoraussetzung nachträglich entzogen, ist eine Kündigung sozial gerechtfertigt, wenn der Arbeitnehmer währenddessen nicht an einem anderen Arbeitsplatz vorübergehend weiterbeschäftigt werden kann. Beispiele dafür sind:
- Verlust der Fahrerlaubnis (BAG, Urteil vom 25.04.1996, Az. 2 AZR 74/95),
- Verlust der Fluglizenz (BAG, Urteil vom 31.01.1996, Az. 2 AZR 68/95)

4.2.2 Verhaltensbedingte Kündigung

Die verhaltensbedingte Kündigung wird regelmäßig mit einem vom Arbeitnehmer verschuldeten Fehlverhalten begründet, d.h. Gründe liegen in der schuldhaften Verletzung der Pflichten aus dem Arbeitsvertrag. Diese Pflichtverstöße sind so schwer, dass sie nicht mit einem Verweis abgetan werden können, aber doch nicht schwer genug, um direkt eine fristlose Entlassung zu rechtfertigen.

Beispiele für verhaltensbedingte Pflichtverletzungen:
- Häufige Unpünktlichkeit
- Nichtbefolgung von Anweisungen
- Geringe oder schlechte Arbeitsleistung
- Unentschuldigtes Fehlen

- Verletzung der Anzeige- und Nachweispflicht bei Krankheiten
- Störung des Betriebsfriedens
- Alkohol am Arbeitsplatz
- Mobbing eines Kollegen

Voraussetzung: Vor der verhaltensbedingten Kündigung ist eine **Abmahnung** erforderlich!

Der Pflichtverstoß muss in der Abmahnung konkret genannt werden mit Datum und Uhrzeit. Weiterhin muss der Arbeitgeber das abgemahnte Verhalten deutlich als Vertragsverstoß rügen und den Arbeitnehmer auffordern, dieses Verhalten in Zukunft zu unterlassen. Ebenso muss der Arbeitgeber klar machen, dass der Arbeitnehmer im Wiederholungsfall - des gleichen Vertragsverstoßes - mit einer Kündigung rechnen muss. Vor Ausspruch einer Kündigung muss nicht - wie oftmals angenommen - dreimal abgemahnt werden. Eine Abmahnung genügt, um im Wiederholungsfall eine Kündigung vornehmen zu können.

Die **Abmahnung** (schriftlich oder mündlich) hat
1. eine **Warnfunktion,** d.h. der Vertragsverstoß muss gerügt werden und dem Arbeitnehmer muss konkret darlegt werden, dass im Wiederholungsfall mit einer Kündigung zu rechnen ist
2. eine **Dokumentationsfunktion**, da die Abmahnung zu der Personalakte genommen wird.

Maßnahmen des Arbeitnehmers gegen eine unberechtigte Abmahnung:
Es ist immer ratsam, unverzüglich nach Erhalt der Abmahnung geeignete Beweise (Zeugen, Urkunden) dafür zu sichern, dass die Abmahnung nicht berechtigt war. Wenn der Arbeitgeber die Abmahnung in die Personalakte aufgenommen hat, kann es sinnvoll sein, eine Gegendarstellung zu verfassen und vom Arbeitgeber zu verlangen, dass er diese ebenfalls zur Personalakte nimmt; dieses Recht folgt aus § 83 Abs.2 BetrVG. Außerdem kann der Arbeitnehmer auf Rücknahme der ungerechtfertigten Abmahnung klagen.

Die Abmahnung ist gesetzlich nicht geregelt (Rechtsprechung). Auch der Arbeitnehmer ist zum Ausspruch einer Abmahnung berechtigt, wenn der Arbeitgeber gegen seine arbeitsvertraglichen Pflichten verstoßen hat. Verhaltensbedingte Kündigungen führen zudem dazu, dass die Arbeitsagentur das Arbeitslosengeld sperrt.

4.2.3 Betriebsbedingte Kündigung

Nach § 1 Abs. 2 des KSchG setzt die Wirksamkeit einer betriebsbedingten Kündigung voraus, dass dringende betriebliche Erfordernisse vorliegen, die eine Weiterbeschäftigung der Arbeitnehmer in dem betroffenen Betrieb nicht mehr möglich machen. Es muss also objektiv ein betrieblicher Kündigungsgrund bestehen. Dieser kann innerbetrieblicher Natur (z.B. Rationalisierungsmaßnahmen aller Art, Verringerung der Produktion, vollständige Einstellung der Herstellung) oder außerbetrieblicher Natur sein (z.B. Auftragsmangel, Rückgang von Umsätzen); er kann also im Unternehmen selbst begründet sein oder von außen auf den Betrieb einwirken.

Stützt der Arbeitgeber eine Kündigung auf diesen Grund, so muss
1. ein Arbeitsplatz im Betrieb weggefallen sein
2. es darf keine andere Beschäftigungsmöglichkeit für diesen Arbeitnehmer geben
3. der zu kündigende Arbeitnehmer muss unter Abwägung der sozialen Kriterien der am wenigsten schützenswerte sein (Sozialauswahl).

Die bei der betriebsbedingten Kündigung vom Arbeitgeber zu beachtende **Sozialauswahl** wird auf vier Kriterien (die alle gleichwertig sind) begrenzt:
- Dauer der Betriebszugehörigkeit
- Lebensalter
- Unterhaltspflichten des Arbeitnehmers
- Grad einer Schwerbehinderung.

Letztlich gilt bei der Sozialauswahl immer, dass derjenige Arbeitnehmer, der unter sozialen Gesichtspunkten am stärksten von der Kündigung betroffen wäre, zuletzt gekündigt wird. Nur dann ist eine Kündigung sozial gerechtfertigt. Bei betriebsbedingten Kündigungen kann der Arbeitnehmer statt des Kündigungsschutzklageverfahrens hier das sogenannte „einfache Verfahren" wählen: Er kann direkt vom Arbeitgeber eine Abfindung verlangen (Maßstab: Ein halbes Monatsgehalt pro Beschäftigungsjahr, vgl. § 1 a Abs. 2 KSchG).

Abfindungen haben keinen Einfluss auf die Höhe des Arbeitslosengeldes selbst, sie führen nicht zu einer Anrechnung auf das Arbeitslosengeld und mindern nicht dessen Höhe. Eine Abfindung, die wegen Beendigung einer versicherungspflichtigen Beschäftigung als Entschädigung für die Zeit danach gezahlt wird, ist kein beitragspflichtiges Arbeitsentgelt. Von der Abfindung sind somit keine Sozialversicherungsbeiträge abzuführen. Abfindungen unterliegen jedoch der Einkommensteuer. Es gibt übrigens keinen Rechtsanspruch auf Abfindung.

4.3 Kündigungsschutzverfahren

Die Kündigung bedarf der **vorherigen Anhörung des Betriebsrates**, ansonsten ist sie unwirksam. Der Betriebsrat kann gegen diese Kündigung schriftlich **Widerspruch** innerhalb einer Woche, bei einer außerordentlichen Kündigung unverzüglich, spätestens innerhalb von drei Tagen, unter Angabe von Gründen beim Arbeitgeber einlegen. Der Widerspruch hat jedoch allein keine Wirkung. Der Arbeitnehmer kann innerhalb einer Woche **Einspruch beim Betriebsrat** einlegen. Wenn dieser den Einspruch für begründet hält, hat er sich um eine Verständigung mit dem Arbeitgeber zu bemühen.

Der Arbeitnehmer kann den gerichtlichen Weg gehen und zwar innerhalb einer **Frist von drei Wochen** nach Zugang der Kündigung eine **Kündigungsschutzklage** beim Arbeitsgericht erheben. Ziel Ihrer Kündigungsschutzklage muss sein: Das Arbeitsgericht erklärt die Kündigung für unwirksam oder im Wege des Vergleichs wird aus der außerordentlichen Kündigung eine fristgemäße betriebsbedingte Kündigung. Die Vorteile für den Arbeitnehmer: Er bekommt während der Kündigungsfrist weiter sein Gehalt, im Zeugnis erscheint kein Beendigungsdatum, das bei einer neuen Bewerbung Fragen aufwirft, und er hat keine Sperrzeit beim Bezug vom Arbeitslosengeld. Stellt das Arbeitsgericht die Unwirksamkeit fest, muss der Arbeitnehmer weiter beschäftigt werden oder er erhält eine Abfindung, falls die Fortsetzung des Arbeitsverhältnisses unzumutbar ist.

Sperrzeit:
Mit Sperrzeit bzw. Sperrfrist ist der Zeitraum gemeint, für den das vom Arbeitnehmer zu beanspruchende Arbeitslosengeld I von der Bundesagentur für Arbeit nicht gewährt wird, weil sich der Arbeitnehmer versicherungswidrig verhalten hat, ohne dafür einen wichtigen Grund zu haben (z.B. Eigenkündigung, verhaltensbedingte Arbeitgeberkündigung, u.U. auch beim Aufhebungsvertrag). Während der Sperrzeit ruht der Anspruch des Arbeitslosen auf Arbeitslosengeld. Maßgebliche gesetzliche Grundlage ist § 159 SGB III.Buch.

> Die Dauer des Ruhens wird vom Gesetz unterschiedlich lang festgelegt; es kommt auf das versicherungswidrige Verhalten an. Die Sperrzeit bei Arbeitsaufgabe dauert zwölf Wochen, die Dauer einer Sperrzeit wegen Arbeitsablehnung, bei Ablehnung oder bei Abbruch einer beruflichen Eingliederungsmaßnahme je nach Lage des Falles drei, sechs oder zwölf Wochen usw. Die Dauer einer Sperrzeit bei Meldeversäumnis oder bei verspäteter Arbeitsuchendmeldung beträgt eine Woche.

Der Arbeitnehmer muss sich spätestens drei Tage nach Zugang der Kündigung bei der Arbeitsagentur persönlich als arbeitssuchend melden (§ 38 SGB III). Nur so hat er den vollen Anspruch auf Arbeitslosengeld; anderenfalls droht ihm eine Sperrzeit.
Krankenversicherung während der Sperrzeit: Zunächst bleibt der Arbeitslose bei der eigenen Krankenkasse krankenversichert; es besteht eine beitragsfreie Nachversicherungspflicht. Ab Beginn des zweiten Monats der Sperrzeit übernimmt die Agentur die Beitragszahlungen zur Krankenversicherung bis zum Ende der Sperrzeit (§ 5 Abs. 1 Nr. 2 SGB V). Anspruch auf Krankengeld hat der Arbeitnehmer nicht (§ 49 Abs.1 Nr.3a SGB V).

4.3.1 Kündigungsschutz bei Massenentlassungen

Der Arbeitgeber ist verpflichtet, der Agentur für Arbeit Anzeige zu erstatten, bevor er
1. in Betrieben mit mehr als 20 und weniger als 60 Arbeitnehmern mehr als fünf Arbeitnehmer
2. in Betrieben mit mehr als 60 und weniger als 500 Arbeitnehmern 10 % der Arbeitnehmer
3. in Betrieben mit mindestens 500 Arbeitnehmern mindestens 30 Arbeitnehmer innerhalb von 30 Kalendertagen entlässt (vgl. § 17 KSchG).

Bei Massenentlassung hat der Arbeitgeber folgende Pflichten:
- Schriftliche Unterrichtung des Betriebsrates mit Angabe von Entlassungsgründen (Zahl der Entlassungen, Zeitraum der Entlassungen)
- Beratung mit dem Betriebsrat über Möglichkeiten, die Entlassungen zu vermeiden oder einzuschränken und die Folgen zu mildern
- Erstattung einer Anzeige bzw. Mitteilung bei der Agentur für Arbeit (Angabe von Anzahl der beschäftigen und entlassenen Arbeitnehmer, Gründe der Entlassungen; eine Stellungnahme des Betriebsrates ist beizufügen)
- Weiterleitung einer Abschrift dieser Mitteilung an den Betriebsrat.

Die der Agentur angezeigten Entlassungen werden ohne deren Zustimmung nach Ablauf eines Monats nach Eingang der Anzeige wirksam (18 KSchG). Während der **Sperrfrist** von einem Monat kann die Agentur Kurzarbeit zulassen (§ 19 KSchG).

4.3.2 Sonderkündigungsschutz für bestimmte Personengruppen

Für die nachfolgenden Personen gibt es einen besonderen Kündigungsschutz zu beachten, d.h. eine Kündigung des Arbeitgebers ist unwirksam:

- **Betriebsratsmitglieder: KSchG/BetrVG**

Nach § 15 KSchG ist die ordentliche Kündigung eines Betriebsratsmitglieds für die Dauer seiner Amtszeit sowie während eines Jahres nach Ende der Amtszeit grundsätzlich unzulässig. Eine außerordentliche Kündigung erfordert die Zustimmung des Betriebsrates (vgl. auch § 102 BetrVG).

- **Schwerbehinderte: SGB**

Vor der Kündigung eines schwerbehinderten Arbeitnehmers muss der Arbeitgeber die Zustimmung des Integrationsamts einholen (§ 85 SGB IX).

- **Schwangere und Mutterschutz: MuSchG**

Während der Schwangerschaft und bis zum Ablauf von vier Monaten nach der Entbindung besteht Sonderkündigungsschutz hinsichtlich der ordentlichen und außerordentlichen Kündigung (§ 9 MuSchG). Voraussetzung: Die Schwangerschaft war dem Arbeitgeber bekannt. Die werdende Mutter kann jedoch noch innerhalb von zwei Wochen nach Zugang der Kündigung den Arbeitgeber von der Schwangerschaft unterrichten.

> Einzig die Vorschrift des § 9 Abs. 3 MuSchG gibt dem Arbeitgeber unter besonderen Voraussetzungen die Möglichkeit, sich vom Arbeitsverhältnis mit einer schwangeren Arbeitnehmerin zu lösen. Dazu muss der Arbeitgeber bei der zuständigen obersten Landesbehörde die Zulässigkeitserklärung einer Kündigung beantragen. Es ist zu erklären, welche Art der Kündigung beabsichtigt ist und aus welchen Gründen dies geschehen soll. Danach schließt sich ein Verwaltungsverfahren an.

• Arbeitnehmer in Elternzeit: BEEG

Während der Elternzeit kann der Arbeitgeber grundsätzlich keine Kündigung aussprechen. Der besondere Kündigungsschutz nach § 18 BEEG beginnt mit Anmeldung der Elternzeit, frühestens jedoch acht Wochen vor deren Beginn, und endet mit Ablauf der Elternzeit. Nehmen Eltern für bestimmte Zeitabschnitte gemeinsam Elternzeit, gilt in dieser Zeit für beide der besondere Kündigungsschutz.

• Pflege- oder Familienpflegezeit: PflegeZG

Während einer kurzzeitigen Arbeitsverhinderung oder während der Pflegezeit für nahe Angehörige von längstens sechs Monaten besteht ein Kündigungsverbot nach § 5 Pflegezeitgesetz.

• Auszubildende: BBiG

Ein ordentliches Kündigungsverbot besteht nach der Probezeit bis zur Beendigung der Ausbildung für den Ausbildenden (§ 22 Abs. 2 BBiG); der Auszubildende kann unter bestimmten Voraussetzungen ordentlich kündigen (siehe Abschnitt Berufsausbildung). Die außerordentliche Kündigung ist von beiden Parteien möglich.

• Datenschutzbeauftragte: BDSG

Während der Berufung als Datenschutzbeauftragter bis ein Jahr danach besteht ein Sonderkündigungsschutz hinsichtlich der ordentlichen Kündigung (vgl. § 4 Abs. 3 Bundesdatenschutzgesetz - BDSG).

• Wehr- und Ersatzdienstleistende: ArbPlSchG

Ab Zustellung des Einberufungsbescheides bis zum Ende der Dienstzeit besteht ein ordentliches Kündigungsverbot. Dies gilt auch für Zivildienstleistende. Eine außerordentliche Kündigung ist möglich (vgl. § 2 Arbeitsplatzschutzgesetz - ArbPlSchG).

> Der neu eingeführte § 2 des Wehrpflichtgesetzes (WPflG) setzt die gesetzliche Verpflichtung zur Ableistung des Grundwehrdienstes zum 1. Juli 2011 aus. Damit ist die Wehrpflicht nicht abgeschafft, lebt aber nur auf, wenn der grundgesetzlich geregelte Verteidigungsfall festgestellt wird. Mit der Aussetzung der Verpflichtung zur Ableistung des Grundwehrdienstes besteht keine Notwendigkeit mehr für einen Zivilersatzdienst. Zeitgleich mit der Aussetzung wurde ein Bundesfreiwilligendienst eingeführt.

Weitere Gründe für die Beendigung des Arbeitsverhältnisses:

In **befristeten Arbeitsverhältnissen** (vgl. Abschnitt 5.1) ist grundsätzlich die ordentliche Kündigung ausgeschlossen, soweit nicht vertraglich anderes geregelt ist. Der Arbeitsvertrag endet, ohne dass es einer Kündigung bedarf, durch Zeitablauf oder Zweckerreichung.

Im **Aufhebungsvertrag** können die Parteien das Arbeitsverhältnis ohne die Beachtung von Fristen im gegenseitigen Einvernehmen beenden. Arbeitnehmer etwa können dadurch ohne Einhaltung der Kündigungsfrist das Unternehmen verlassen. Der Arbeitgeber braucht keine Kündigungsschutzbestimmungen zu beachten, er hat z.B. auch keine Sozialauswahl durchzuführen. Zum Ausgleich für den Verlust des Arbeitsplatzes werden in Aufhebungverträgen oft Abfindungszahlungen durch den Arbeitgeber an den Arbeitnehmer vereinbart. Bei Aufhebungsverträgen zur Beendigung des Arbeitsverhältnisses muss gem. § 623 BGB die Schriftform eingehalten werden; andernfalls ist der Aufhebungsvertrag nichtig und das Arbeitsverhältnis besteht fort. Wer einen Aufhebungsvertrag schließt, wirkt - wie bei einer eigenen Kündigung - an der Beendigung des Arbeitsverhältnisses mit und verursacht dadurch seine Beschäftigungslosigkeit. Hat der Arbeitnehmer dafür keinen wichtigen Grund, kommt es nach § 159 Abs. 1 Nr. 1 SGB III beim Arbeitslosengeld zu einer zwölfwöchigen Sperrzeit wegen Arbeitsaufgabe.

Durch **Tod des Arbeitnehmers**, der seine Arbeit persönlich zu verrichten hat, endet das Arbeitsverhältnis (vgl. 613 BGB).

Durch **Anfechtung** (gem. § 123 BGB, z.B. wegen Irrtums oder Täuschung) kann ein Arbeitsvertrag rückwirkend unwirksam werden, als habe er nie existiert. Leistungen werden rückabgewickelt. Wurde vor der Anfechtungserklärung bereits Arbeit geleistet, dann ist dadurch ein „faktisches" Arbeitsverhältnis entstanden. Bis zur Wirkung der Anfechtungserklärung muss der Arbeitgeber Gehalt zahlen. Da man erbrachte Arbeitsleistung nicht rückabwickeln kann, wirkt die Anfechtung eines in Vollzug gesetzten Arbeitsverhältnisses (sog. fehlerhaftes Arbeitsverhältnis) nicht rückwirkend, sondern ähnlich wie eine fristlose Kündigung mit sofortiger Wirkung.

Keine Beendigung des Arbeitsverhältnisses:
- **Tod des Arbeitgebers** (neuer Arbeitgeber ist automatisch der Erbe, der in die rechtliche Stellung des Verstorbenen rückt, vgl. 1922 BGB).
- **Eröffnung des Insolvenzverfahrens** (wird zunächst weitergeführt vom Insolvenzverwalter; dieser kann jedoch fristgerecht kündigen; die Kündigungsfrist beträgt drei Monate zum Monatsende, wenn nicht eine kürzere Frist maßgeblich ist, vgl. § 113 InsO).
- **Übergang des Betriebes auf einen neuen Inhaber** (hier bleibt das Arbeitsverhältnis bestehen; der Nachfolger tritt in den bestehenden Arbeitsvertrag ein, § 613a BGB).

- **Erreichen der Rentenaltersgrenze** (das Arbeitsverhältnis endet nicht automatisch, es sei denn, im Arbeits- oder Tarifvertrag ist eine entsprechende Regelung mit der auflösenden Bedingung vorgesehen).

Pflichten des Arbeitgebers bei Beendigung des Arbeitsverhältnisses:
Der Arbeitgeber hat dem Arbeitnehmer bei Beendigung des Arbeitsverhältnisses ein Zeugnis zu erteilen (vgl. 3.2.2.4 Zeugniserteilungspflicht).

Bei Beendigung des Arbeitsverhältnisses hat der Arbeitgeber weiterhin **Herausgabepflichten** hinsichtlich der Arbeitspapiere:
- Sozialversicherungsnachweis
- Lohnnachweiskarte (im Baugewerbe bzgl. Urlaubsansprüche)
- elektronische Übermittlung der Arbeitsbescheinigung (SGB III. Buch) für evtl. Anspruch auf Arbeitslosengeld an die Bundesagentur für Arbeit
- Urlaubsbescheinigung
- Unterlagen über betriebliche Altersversorgung

Pflichten des Arbeitnehmers bei Beendigung des Arbeitsverhältnisses:
Der Arbeitnehmer hat bei Beendigung **Herausgabepflichten** bezüglich Arbeitsmittel wie Dienstwagen, Diensthandy, Schutzkleidung usw. sowie **Rechenschaftspflichten** bezüglich der Aufbewahrung von Vorgängen und Akten.

Das gesetzliche Wettbewerbsverbot endet mit Beendigung des Arbeitsverhältnisses, das vertragliche Wettbewerbsverbot, falls eines besteht, bleibt für zwei Jahre gegen Entschädigungszahlung bestehen (es muss schriftlich geschlossen werden und dem Schutz eines berechtigten geschäftlichen Interesses des Arbeitgebers dienen).

••• 5 Besondere Formen des Arbeitsverhältnisses

5.1 Befristete Arbeitsverhältnisse

Befristet beschäftigt ist ein Arbeitnehmer mit einem auf bestimmte Zeit geschlossenen Arbeitsvertrag. Wird ein Arbeitsverhältnis befristet abgeschlossen, endet es ohne Kündigung. Ein befristet beschäftigter Arbeitnehmer darf wegen der Befristung des Arbeitsvertrages nicht schlechter behandelt werden als ein vergleichbarer unbefristet beschäftigter Arbeitnehmer, es sei denn, dass sachliche Gründe eine unterschiedliche Behandlung rechtfertigen, vgl. Teilzeit- und Befristungsgesetz (TzBfG). Diese Befristung muss **ausdrücklich schriftlich vereinbart werden** (§ 14 Abs. 4 TzBfG), ansonsten wird das Arbeitsverhältnis auf unbestimmte Zeit geschlossen (unbefristeter Arbeitsvertrag).

> Grundsätzlich nicht zulässig ist ein befristetes Arbeitsverhältnis ohne sachlichen Grund, wenn zuvor ein unbefristetes oder befristetes Arbeitsverhältnis (mit sachlicher Begründung) bestanden hat. Ein Wechsel zwischen den beiden Befristungsarten ist nicht zulässig. Ein befristetes Arbeitsverhältnis ohne sachlichen Grund ist also nur bei einer Neueinstellung zulässig.

5.1.1 Befristung mit Sachgrund

Der Gesetzgeber hat festgelegt, dass befristete Arbeitsverträge grundsätzlich nur zulässig sind, wenn ein **sachlicher Grund** vorliegt (vgl. § 14 TzBfG).

Sachliche Gründe für die Befristung sind z.B.:
- der betriebliche Bedarf an Arbeitsleistung besteht nur vorübergehend
- die Befristung folgt im Anschluss an eine Ausbildung oder Studium, um dem Arbeitnehmer den Übergang in eine Anschlussbeschäftigung zu erleichtern
- der Arbeitnehmer wird zur Vertretung eines anderen Arbeitnehmers beschäftigt
- die Befristung erfolgt zur Erprobung.

Es gibt zwei Arten des befristeten Arbeitsvertrages (§ 3 TzBfG):
- **Zeitbefristung:** Die Dauer des Arbeitsverhältnisses ist kalendermäßig bestimmt (z.B. „bis zum 31.12."). Das Arbeitsverhältnis endet automatisch durch Ablauf der Zeit, für die es eingegangen wurde.
- **Zweckbefristung:** Die Dauer des Arbeitsverhältnisses bestimmt sich nach Art, Zweck oder Beschaffenheit der Arbeitsleistung (z.B. Vertretung von erkrankten Arbeitnehmern, Personalbedarf für ein besonderes Projekt). Das Ende des Arbeitsverhältnisses muss der Arbeitgeber dem Arbeitnehmer schriftlich anzeigen; zwei Wochen danach endet das Arbeitsverhältnis.

Eine ordentliche Kündigung ist während der Laufzeit des Vertrages ausgeschlossen, falls eine solche Kündigungsmöglichkeit nicht einzelvertraglich oder durch einen Tarifvertrag vorgesehen ist.

Schließt der Arbeitgeber mit dem Arbeitnehmer nacheinander mehrere befristete Arbeitsverträge ab **(Kettenarbeitsvertrag)**, dann wird bei der Prüfung, ob der Bedarf wirklich nur befristet besteht, ein strenger Maßstab angelegt. Diese Kettenbefristung unter Angabe eines sachlichen Grundes ist grundsätzlich rechtlich zulässig.

Der EuGH Luxemburg hat 2012 entschieden, dass die Verlängerung befristeter Arbeitsverträge auch dann durch einen Vertretungsbedarf gerechtfertigt sei, wenn sich dieser Bedarf als wiederkehrend oder sogar ständig erweise; dies reiche als sachlich nachvollziehbarer Grund aus.

Das BAG hat aber 2013 zugunsten der Arbeitnehmerseite entschieden, dass bereits ab einer Gesamtdauer des Arbeitsverhältnisses von sechs bis sieben Jahren eine Missbrauchskontrolle vorgenommen werden muss.

5.1.2 Befristung ohne Sachgrund

Eine Ausnahmeregelung ist die Befristung **ohne sachlichen Grund**; diese ist zulässig, wenn sie maximal **zwei Jahre** andauert. Innerhalb dieser zwei Jahre ist höchstens dreimal die Verlängerung eines befristeten Arbeitsvertrages möglich.

> Ohne sachlichen Grund ist die Befristung eines Arbeitsvertrages höchstens für die Dauer von zwei Jahren zulässig.

Danach haben Arbeitnehmer einen Anspruch auf einen unbefristeten Arbeitsvertrag oder der Arbeitgeber darf sie nicht weiter beschäftigen. Durch Tarifvertrag kann die Anzahl der Verlängerungen oder die Höchstdauer der Befristung abweichend vom TzBfG festgelegt werden.

Existenzgründer haben die Möglichkeit, befristete Arbeitsverträge ohne zusätzlichen Befristungsgrund **in den ersten vier Jahren** abzuschließen (Einstellungserleichterung). Die mehrfache Verlängerung innerhalb dieser Frist ist zulässig.

Arbeitnehmer über 52 Jahre dürfen in Deutschland nicht mit unbegrenzt befristeten Arbeitsverträgen ohne Sachgrund beschäftigt werden (in der EU darf niemand wegen seines Alters diskriminiert werden), aber die Befristung ist erleichtert: Eine Befristung für maximal **fünf Jahre** ist möglich, wenn der Arbeitnehmer unmittelbar vor Beginn des befristeten Arbeitsverhältnisses mindestens vier Monate arbeitslos gewesen ist, Kurzarbeitergeld bezogen oder an einer öffentlich geförderten Beschäftigungsmaßnahme nach dem SGB II. und III. Buch teilgenommen hat. Bis zu der Gesamtdauer von fünf Jahren ist auch die mehrfache Verlängerung des Arbeitsvertrages zulässig.

Es gibt Arbeitgeber, die immer wieder Arbeitnehmer nacheinander mit befristeten Verträgen ohne Sachgrund beschäftigen und so den Kündigungsschutz aushebeln. Das BAG hat eine Drei-Jahres-Frist festgeschrieben: Erst nach dieser Wartefrist dürfen vom selben Arbeitgeber erneut Arbeitsverträge ohne Sachgrund befristet werden. Glaubt der Arbeitnehmer, dass eine Befristung unzulässig ist, so muss er das vom Arbeitsgericht feststellen lassen, indem er die sogenannte **Entfristungsklage** erhebt (Frist: drei Wochen nach dem vereinbarten Ende des befristeten Vertrages). Hat er damit Erfolg, wird festgestellt, dass sein Arbeitsverhältnis nicht durch den Fristablauf beendet worden ist. Das Arbeitsverhältnis kann somit auf unbestimmte Zeit weitergeführt werden.

Für den Fall einer **evtl. Arbeitslosigkeit nach Ablauf der Befristung** ist zu beachten:

- Zur Vermeidung einer Sperrzeit hinsichtlich Arbeitslosengeld sollte sich der Arbeitnehmer spätestens drei Monate vor Ablauf der Befristung bei der zuständigen Agentur für Arbeit als arbeitsuchend melden.
- Ist die Befristung von vornherein auf unter drei Monate angesetzt, dann sollte sich der Arbeitnehmer bereits bei Abschluss des Vertrages bei der Arbeitsagentur als arbeitsuchend melden.
- Weitere Hinweise zur rechtzeitigen Meldung bei der Arbeitsagentur: § 38 SGB III. Buch.

5.2 Teilzeitarbeitsverhältnisse

5.2.1 Allgemeine Teilzeit

Ein Teilzeitarbeitsverhältnis liegt vor, wenn die Wochenarbeitszeit kürzer ist als die regelmäßige Wochenarbeitszeit der vollbeschäftigten Arbeitnehmer des Betriebes (§ 2 TzBfG). Der Arbeitgeber hat bei der Ausschreibung von Arbeitsplätzen zu prüfen, ob sich der Arbeitsplatz auch als Teilzeitarbeitsplatz eignet. Ist das der Fall, muss der Arbeitgeber den Arbeitsplatz auch als Teilzeitarbeitsplatz ausschreiben (vgl. § 7 Abs. 1 TzBfG). Teilzeitbeschäftigte dürfen gegenüber Vollzeitbeschäftigten nicht unterschiedlich behandelt werden, wenn hierfür kein sachlicher Grund vorliegt.

Voraussetzung für einen **Wechsel von Vollzeit auf Teilzeit** (§ 8 TzBfG) ist, dass:

- der Arbeitgeber mehr als 15 Arbeitnehmer beschäftigt
- das Arbeitsverhältnis länger als sechs Monate bestanden hat
- keine dringenden betrieblichen Gründe entgegen stehen
- der Anspruch auf Teilzeittätigkeit dem Arbeitgeber sieben Wochen vor Beginn der Tätigkeit schriftlich mitgeteilt wurde.

Die **Ablehnung des Antrags** durch den Arbeitgeber muss spätestens einen Monat vor dem gewünschten Beginn der Arbeitszeitverringerung schriftlich erfolgen; ansonsten gilt die Verteilung der Arbeitszeit entsprechend den Wünschen des Arbeitnehmers als genehmigt. Möchte der teilzeitbeschäftigte Arbeitnehmer eine **Verlängerung der Arbeitszeit** (Wechsel von Teilzeit auf Vollzeit), so hat der Arbeitgeber ihn bei der Besetzung eines Vollzeitarbeitsplatzes bevorzugt zu berücksichtigen. Eine Kündigung wegen Wechsel von Vollzeit auf Teilzeitarbeit ist unwirksam.

5.2.2 Geringfügige Beschäftigung

Eine geringfügige Beschäftigung gehört gem. § 2 Abs. 2 TzBfG zu den Teilzeitarbeitsverhältnissen. Für geringfügige Beschäftigungen gelten sozialversicherungs- und steuerrechtliche Sonderregelungen.

Eine geringfügig entlohne Beschäftigung liegt gem. § 8 Abs. 1 Nr. 1 SGB IV vor,
1. wenn das monatliche Arbeitsentgelt regelmäßig im Monat 450 Euro nicht übersteigt, die Anzahl der geleisteten Arbeitsstunden ist hier unerheblich **(Minijob)**;
2. bei kurzer Beschäftigungsdauer; wenn sie innerhalb eines Kalenderjahres auf längstens zwei Monate oder 50 Arbeitstage begrenzt ist **(kurzfristige Beschäftigung)**.

Grundzone: Die Grundzone umfasst Arbeitsverdienste bis 450 Euro. In diesem Verdienstbereich fallen für Arbeitnehmer keine Steuern oder Sozialabgaben an. Der Arbeitgeber zahlt eine **Pauschale von 30 %** (15 % Rentenversicherung, 13 % Krankenversicherung und 2 % Pauschalsteuer einschl. Kirchensteuer und Solidaritätszuschlag). Bei Unternehmen mit regelmäßig nicht mehr als 30 Arbeitnehmern kann der Arbeitgeber eine sogenannte U1-Umlage von 0,70 % zum Ausgleich von Arbeitgeberaufwendungen für Entgeltfortzahlung bei Krankheit der Arbeitnehmer, eine U2-Umlage von 0,14 % zum Ausgleich des Mutterschaftsaufwendungen sowie eine Insolvenzumlage von 0,15 % zahlen. Insgesamt müssen danach Abgaben in Höhe von 30,99 % des Arbeitsentgelts vom Arbeitgeber abgeführt werden.
Gleitzone: An die Grundzone schließt sich die Gleitzone von **450,01 Euro bis 850 Euro** an. Hier zahlen die Arbeitnehmer noch nicht die vollen Sozialversicherungsbeiträge, diese sind erst fällig ab 850,01 Euro.

Bei **schwankender Höhe** des Arbeitsentgelts und in den Fällen, in denen im Rahmen einer Dauerbeschäftigung saisonbedingt unterschiedliche Arbeitsentgelte erzielt werden, hat der Arbeitgeber das regelmäßige monatliche Arbeitsentgelt zu schätzen. Bei einem geschätzten Jahresarbeitsentgelt bis 5.400 Euro liegt ein 450-Euro-Minijob vor.
Sozialversicherungsrechtlich sind geringfügig Beschäftigte im Betrieb unfallversichert und der Arbeitgeber muss sie der Sozialversicherung melden. Für das Melde-

verfahren ist die Minijobzentrale Essen zuständig. Der Arbeitgeber führt die Pauschbeträge an die Deutsche Rentenversicherung - Knappschaft-Bahn-See in Bochum ab. Die Arbeitnehmer unterliegen seit 2013 der Rentenversicherungspflicht und erwerben geringe Rentenanwartschaften (kein Schutz bei Erwerbsunfähigkeit) und eine anteilige Anrechnung der Wartezeit; sie können sich jedoch per Antrag davon befreien lassen. Der Eigenanteil des Arbeitnehmers von 3,9 % (2014) entfällt dann und nur der Arbeitgeber zahlt den Pauschalbetrag von 15 % zur Rentenversicherung. Bis zur Entgeltgrenze von 450 Euro kann der geringfügig Beschäftigte in der kostenfreie Familienversicherung der Kranken- und Pflegeversicherung verbleiben.

> **Achtung:** Regelmäßig geringfügig Beschäftigte sind Teilzeitkräfte und haben Anspruch auf Urlaub, finanzielle Absicherung bei Mutterschaft nach den Regelungen des MuSchG, Entgeltfortzahlung im Krankheitsfall und an Feiertagen sowie Sonderleistungen wie Weihnachts- und Urlaubsgeld. Auch gelten für sie die gesetzlichen Kündigungsfristen und Kündigungsschutzvorschriften.

Urlaubsformel bei geringfügig Beschäftigte: Entscheidend für den Urlaubsanspruch ist, wie viele Werktage der Arbeitnehmer pro Woche arbeitet und nicht, wie viele Stunden er an den Werktagen leistet. Individuelle Arbeitstage pro Woche x 24 (Urlaubsanspruch in Werktagen geteilt durch sechs (übliche Arbeitstage von Montag bis Samstag).

Mehrere Beschäftigungen: Der Arbeitnehmer kann neben seiner sozialversicherungspflichtigen **Hauptbeschäftigung** einen Minijob steuer- und sozialversicherungsfrei ausüben. Jeder weitere Minijob wird mit der Hauptbeschäftigung zusammengerechnet und ist somit steuer- und sozialversicherungspflichtig.

Mehrere geringfügige Beschäftigungen eines Arbeitnehmers werden zusammengerechnet (nicht die kurzfristigen Beschäftigungen von maximal zwei Monaten oder 50 Arbeitstage im Kalenderjahr). Beim Überschreiten des Grenzwertes von 450 Euro entsteht Sozialversicherungs- und Lohnsteuerpflicht; wenn nicht mehr als 850 Euro zusammen erzielt wird, gelten die Regelungen zur sogenannten Einkommensgleitzone.

Mini-Jobs im Haushalt – haushaltsnahe Beschäftigung: Eine besondere Regelung gilt für Mini-Jobs im Haushalt. Voraussetzung ist, dass diese Beschäftigung „durch einen privaten Haushalt begründet ist und die Tätigkeit sonst gewöhnlich durch Mitglieder des privaten Haushalts erledigt wird" (§ 8a Satz 2 SBG IV). Gemeint sind Tätigkeiten wie Kinderbetreuung, Haushaltshilfe und Gartenpflege. Zwar liegt auch hier die Obergrenze bei 450 Euro, der Arbeitgeber zahlt jedoch nur eine **Pauschale von 12 %** mit folgender Aufteilung: Je 5 % Renten- und Krankenversicherung sowie 2 % Steuern. Hinzu kommen 1,3 % als Umlage für die Lohnfortzahlung im Krankheitsfall.

5.3 Arbeit auf Abruf

Arbeitgeber und Arbeitnehmer können vereinbaren, dass der Arbeitnehmer seine

Arbeitsleistung entsprechend dem Arbeitsanfall im Betrieb zu leisten hat. Im Arbeitsvertrag muss jedoch ein bestimmtes Arbeitszeitvolumen vereinbart werden. Ist keine Vereinbarung getroffen, gelten nach **§ 12 TzBfG** zehn Stunden wöchentliche Arbeitszeit als vereinbart. Ist die tägliche Arbeitszeit nicht festgelegt, muss der Arbeitgeber den Arbeitnehmer für mindestens drei aufeinander folgende Stunden beschäftigen. Dem Arbeitnehmer muss seine Arbeitszeit mindestens vier Tage im Voraus mitgeteilt werden (im Tarifvertrag kann davon abgewichen werden).

5.4 Altersteilzeit

Unter Altersteilzeit versteht man ein durch das Altersteilzeitgesetz (AltTZG) geregeltes Modell, bei dem ein älterer Arbeitnehmer (ab 55. Lebensjahr +) für die verbleibende Zeit bis zur Rente (mindestens drei Jahre) seine Arbeitszeit halbiert. Das Gesetz zur Förderung der Teilzeitarbeit älterer Arbeitnehmer, AltTZG, schafft für Arbeitgeber und Arbeitnehmer besondere Rahmenbedingungen. Durch Altersteilzeitarbeit soll älteren Arbeitnehmern ab Vollendung des 55. Lebensjahres bis zum Rentenerwerb ein gleitender Übergang vom Erwerbsleben in die Altersrente ermöglicht werden. Die Bundesagentur für Arbeit förderte bis 2010 durch Leistungen nach dem AltTZG die Teilzeitarbeit älterer Arbeitnehmer, die ihre Arbeitszeit vermindern und damit die Einstellung eines sonst arbeitslosen Arbeitnehmers bzw. die Übernahme eines Auszubildenden ermöglichten. Altersteilzeit, die nach diesem Zeitraum genommen wird, muss von den Unternehmen selbständig finanziert werden. Altersteilzeit ist auch als Blockmodell möglich. Die Arbeitnehmer arbeiten nach ihrer Altersteilzeitvereinbarung z.B. zunächst zwei Jahre weiterhin voll. Das ist die sogenannte aktive Phase der Altersteilzeit. Danach schließt sich die genauso lange passive Phase der Altersteilzeit an. In dieser Zeit bleibt das sozialversicherte Beschäftigungsverhältnis grundsätzlich bestehen, allerdings ohne Arbeit. Das Entgelt bleibt über den kompletten Zeitraum gleich.

5.5 Arbeitsplatzteilung (Jobsharing)

Arbeitsplatzteilung ist eine besondere Art der Teilzeitarbeit gem. § 13 TzBfG. Arbeitgeber und Arbeitnehmer können vereinbaren, dass zwei oder mehrere Arbeitnehmer sich die Arbeitszeit an einem Arbeitsplatz teilen. Ist einer dieser Arbeitnehmer an der Arbeitsleistung verhindert, ist der andere Arbeitnehmer zur Vertretung verpflichtet, wenn er der Vertretung im Einzelfall zugestimmt hat. Eine Pflicht zur Vertretung besteht auch, wenn der Arbeitsvertrag bei Vorliegen dringender betrieblicher Gründe eine Vertretung vorsieht und diese im Einzelfall zumutbar ist. Es ist nicht zulässig, einem Arbeitnehmer zu kündigen, weil der Arbeitsplatzpartner ausgeschieden ist.

5.6 Leiharbeitsverhältnis

Eine Arbeitnehmerüberlassung (Zeitarbeit/Leiharbeit) liegt vor, wenn ein Arbeitgeber (Verleiher) seinen Arbeitnehmer (Leiharbeitnehmer) an einen anderen Arbeitgeber (Entleiher) zur Arbeitsleistung „ausleiht" und ihn dessen Weisungsrecht unterstellt. Die gewerbsmäßige Arbeitnehmerüberlassung bedarf nach dem Arbeitnehmerüberlassungsgesetz (AÜG) der Erlaubnis der Bundesagentur für Arbeit. **Gewerbsmäßig** handelt, wer aus einer fortgesetzt ausgeübten Tätigkeit beabsichtigt, Gewinn zu erzielen. Die Tätigkeit muss also auf Dauer angelegt sein mit der Gewinnerzielungsabsicht des Verleihers. Bei der gewerbsmäßigen Arbeitnehmerüberlassung wird der Arbeitnehmer für den Zeitraum seiner Überlassung voll in den Geschäftsbetrieb des Entleihers eingegliedert, was zur Folge hat, dass er insbesondere den Weisungen des Entleihers in Bezug auf die konkrete Ausführung seiner Arbeitsleistung unterliegt. Das eigentliche Arbeitsverhältnis (Rechte und Pflichten wie Vergütungspflicht, Zeugniserteilungspflicht) bleibt jedoch in der Regel allein zwischen dem Arbeitnehmer und seinem Verleiher bestehen. Bei der Arbeitnehmerüberlassung im Sinne des AÜG fallen mithin Arbeitsvertrag und Arbeitsleistung auseinander. Der Arbeitnehmerüberlassungsvertrag bedarf der Schriftform. Die gewerbsmäßige Arbeitnehmerüberlassung im Baugewerbe ist grundsätzlich - mit Ausnahmen - unzulässig.

Erlaubnispflicht: Die gewerbsmäßige Arbeitnehmerüberlassung ist grundsätzlich erlaubnispflichtig. Die Erlaubnis wird auf schriftlichen Antrag von der **Agentur für Arbeit** erteilt und ist auf ein Jahr zu befristen. Der Antrag auf Verlängerung der Erlaubnis ist spätestens drei Monate vor Ablauf des Jahres zu stellen. Die Erlaubnis verlängert sich um ein weiteres Jahr, wenn die Erlaubnisbehörde die Verlängerung nicht vor Ablauf des Jahres ablehnt; die Erlaubnis kann widerrufen werden.

Gleichstellungspflicht: Leiharbeitnehmer sollen zu denselben Bedingungen beschäftigt werden wie die Stammarbeitnehmer des entleihenden Unternehmens: Gleiche Arbeitszeit, Ruhezeiten, arbeitsfreie Tage, gleiches Arbeitsentgelt („Equal Pay", d.h. gleicher Lohn für gleiche Arbeit), gleiche Urlaubsregelungen. Ein Tarifvertrag kann jedoch abweichende Regelungen zulassen, was in der Praxis häufig der Fall ist. Wenn der Verleiher keine Beschäftigungsmöglichkeit mehr findet, behält der Arbeitnehmer den Anspruch auf das Entgelt. Der Verleiher trägt also das wirtschaftliche Risiko, dass der Arbeitnehmer nicht verliehen und damit nicht beschäftigt werden kann.

> Betriebsverfassungsrechtliche Regelungen: Leiharbeitnehmer sind im Betrieb des Entleihers zu Betriebsratswahlen nicht wählbar, jedoch wahlberechtigt, wenn sie länger als drei Monate im Entleiherbetrieb eingesetzt werden. Vor der Übernahme eines Leiharbeitnehmers zur Arbeitsleistung ist der Betriebsrat des Entleiherbetriebes nach § 99 BetrVG zu beteiligen (§ 14 III AÜG). Nachdem in den letzten Jahren vermehrt Fälle von Lohndumping und unseriösen Leihverträgen aufgetreten sind, haben sich die Voraussetzungen zur Beschäftigung von Leiharbeitskräften jedoch erheblich verschärft.

Wichtige Neuregelungen ab 2014:

1. Die Überlassung von Arbeitnehmern soll auf 18 Monate begrenzt werden (Überlassungshöchstdauer). Nach neun Monaten soll es zudem die gleiche Bezahlung für Zeitarbeiter und Stammbelegschaft geben. Unbefristete Leiharbeit ist somit verboten! Der Betriebsrat eines Entleiherbetriebes kann seine Zustimmung zum Einsatz von Leiharbeitnehmern verweigern, wenn diese dort nicht nur vorübergehend eingesetzt werden sollen (BAG Beschluss vom 10. Juli 2013 - 7 ABR 91/11). Die dauerhafte Arbeitnehmerüberlassung begründet ein Arbeitsverhältnis zum Entleiher (LAG Berlin-Brandenburg, Urteil 15 Sa 1635/12 vom 09.01.2013).

2. Gewerkschaften und Arbeitgeber haben sich auf einen höheren Mindestlohn in der Zeitarbeit ab 01.01.2014 geeinigt (8,50 Euro in den alten Ländern und 7,86 Euro in den neuen Ländern einschl. Berlin). Ab 01.04.2015 und 01.06.2016 folgen weitere Erhöhungen.

3. Leiharbeitnehmer sind bei der für die Größe des Betriebsrats maßgeblichen Anzahl der Arbeitnehmer eines Betriebs grundsätzlich zu berücksichtigen (BAG, Beschluss vom 13. März 2013 - 7 ABR 69/11).

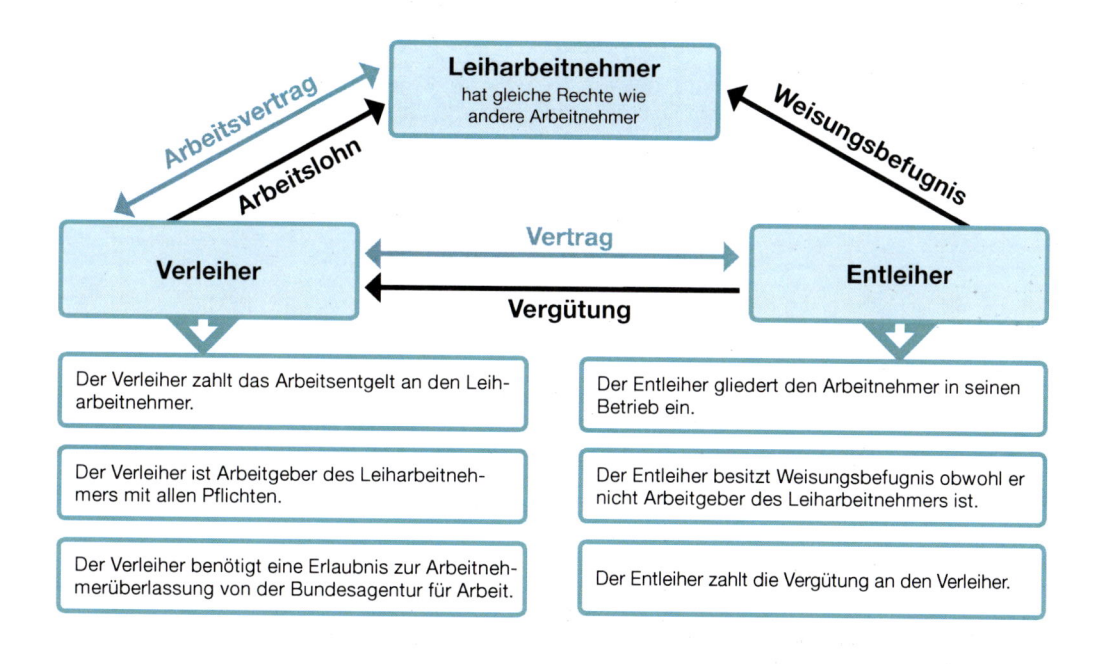

Leiharbeitnehmer hat gleiche Rechte wie andere Arbeitnehmer

- Arbeitsvertrag / Arbeitslohn (Verleiher ↔ Leiharbeitnehmer)
- Weisungsbefugnis (Entleiher → Leiharbeitnehmer)
- Vertrag / Vergütung (Verleiher ↔ Entleiher)

Verleiher:
- Der Verleiher zahlt das Arbeitsentgelt an den Leiharbeitnehmer.
- Der Verleiher ist Arbeitgeber des Leiharbeitnehmers mit allen Pflichten.
- Der Verleiher benötigt eine Erlaubnis zur Arbeitnehmerüberlassung von der Bundesagentur für Arbeit.

Entleiher:
- Der Entleiher gliedert den Arbeitnehmer in seinen Betrieb ein.
- Der Entleiher besitzt Weisungsbefugnis obwohl er nicht Arbeitgeber des Leiharbeitnehmers ist.
- Der Entleiher zahlt die Vergütung an den Verleiher.

5.7 Werkverträge im Arbeitsrecht

Der Werkvertrag ist ein privatrechtlicher Vertrag über den gegenseitigen Austausch von Leistungen. Die rechtlichen Regelungen enthält § 631 BGB. Danach wird der Unternehmer durch einen Werkvertrag zur Herstellung des versprochenen Werkes verpflichtet. Gegenstand des Werkvertrags ist die Herstellung oder Veränderung einer Sache oder ein anderer durch Arbeit oder Dienstleistung herbeizuführender Erfolg, z.B. eine Werbeagentur gestaltet den Firmenprospekt einer Eventunternehmung oder ein Gartenbaubetrieb pflegt die Außenanlagen einer Autofirma. Problematisch wird die Sache, wenn **Kernaufgaben** eines Unternehmens an Fremdfirmen (Subunternehmer) vergeben werden. In der Praxis sieht es dann wie folgt aus: Das Unternehmen (Werkbesteller) überträgt wichtige Tätigkeiten auf Subunternehmen (z.B. lagern Supermärkte das Einräumen der Regale aus). Die Subunternehmen werden pro „Werk" bezahlt, beispielsweise für jede Palette Ware, die die Arbeitnehmer der Subunternehmer in die Regale räumen. Die Arbeitnehmer des Subunternehmers, die den Auftrag des Werkbestellers in dessen Betrieb ausführen, sind dessen Erfüllungsgehilfen; sie werden als **Werkvertragsarbeitnehmer** bezeichnet. Diese zur Ausführung des Werkvertrages eingesetzten Werkvertragsarbeitnehmer unterliegen lediglich den Weisungen des Subunternehmers und in der Regel nicht den Weisungen des Werkbestellers. Dies ist oft schwierig, da das Einräumen der Regale im Supermarkt eigentlich nur durch den Supermarkt selbst koordiniert werden kann.

> Statt Leiharbeiter in den Betrieb zu holen, lagern insbesondere Supermärkte die Arbeiten aus; viele Werkvertragskonstruktionen erweisen sich somit als verdeckte Arbeitnehmerüberlassung. Der Grundsatz des „Equal Pay", also gleicher Lohn für gleiche Arbeit, solange kein Tarifvertrag etwas anderes vorsieht, gilt nur für Leiharbeiter, nicht aber für „Werkvertragler". Die Beschäftigten der Subunternehmen müssen auch nicht wie die Leiharbeiter über offene Stellen im Betrieb informiert werden, ihnen steht zudem kein Zugang zu den Gemeinschaftsräumen zu, sie müssen sich durch Kleidung von den Arbeitnehmern des Werkbestellers unterscheiden usw.

••• 6 Die Berufsausbildung

Zum Oberbegriff „**Berufsbildung**" im Sinne des Berufsbildungsgesetzes (BBiG) gehören die Berufsausbildung, die Berufsausbildungsvorbereitung, die berufliche Fortbildung und die berufliche Umschulung.

Nach Artikel 12 des Grundgesetzes (GG) haben alle Deutschen das Recht, Beruf, Arbeitsplatz und Ausbildungsstätte frei zu wählen. Das bedeutet: Recht der freien Berufswahl sowie der freien Wahl des Arbeitsplatzes und der Ausbildungsstätte.

6.1 Arten der Berufsausbildung

6.1.1 Duales System

Der Begriff des dualen Systems (von lat. dualis = zwei) umfasst eine **zweigliedrige Ausbildung** und zwar die schulische und die betriebliche Ausbildung bzw. zwei Lernorte: Betrieb und parallel die Berufsschule.
Der **Betrieb** vermittelt die fachpraktischen Kenntnisse und Fertigkeiten entsprechend der jeweiligen Ausbildungsordnung. Zuständig für die Ausbildung im Betrieb sind die jeweiligen Kammern (z.B. Industrie- und Handelskammer - IHK -, die Handwerkskammer, Landwirtschaftskammer, Rechtsanwaltskammer, Steuerberaterkammer). Zuständige Rechtsquelle: Ausbildungsordnung (neben dem BBiG).
Die **Berufsschule** vermittelt die fachtheoretischen Kenntnisse und Fertigkeiten. Zuständig für die Berufsschule sind die Bundesländer mit ihren Schulgesetzen und Lehrplänen. Zuständige Rechtsquelle: Rahmenlehrplan.

Auszubildende im dualen System sind Arbeitnehmer, da ein Arbeitsverhältnis vorliegt, jedoch mit der Besonderheit, dass das BBiG für sie Anwendung findet. Ihre Arbeitsbedingungen werden in der Regel durch Tarifverträge geregelt, die Bestandteil des Ausbildungsvertrages werden.

Duales System:

	Betrieb	**Berufsschule**
Regelungskompetenz	Bund	Länder
Geltungsbereich	BBiG Ausbildungsordnungen	Schulgesetze Rahmenlehrpläne
Zuständigkeit	Kammern	Schulbehörden
Finanzierung	privat	öffentlich
Verantwortlich für	Erreichen des Ausbildungszieles (Kenntnisse/Fertigkeiten)	berufliche Grund- und Fachkenntnisse
Vertrag	privatrechtlicher Vertrag	öffentlich-rechtlicher Vertrag

Die Regeldauer der Ausbildungszeit im dualen System beträgt drei Jahre; die Ausbildung kann auf Antrag verkürzt oder verlängert werden (§ 8 BBiG). Vor der Entscheidung hierüber muss der Ausbildende gehört werden.

Zulassungsvoraussetzungen zur IHK-Abschlussprüfung: Ablegung der Zwischenprüfung, Vorlegung des vom Ausbilder unterschriebenen Berichtsheftes.

6.1.2 Vollzeitschulische Ausbildung

Seit der Reform des BBiG im Jahre 2005 ist auch die vollzeitschulische Ausbildung bei einem von der zuständigen Kammer anerkannten Bildungsträger (Akademie und Praktikumsbetrieb) möglich (§ 2 Abs. 2 BBiG). Der Auszubildende schließt einen Lehrgangsvertrag mit dem Bildungsträger ab. Die Lehrgangskosten für die Akademie müssen in der Regel selbst finanziert werden. Ausbildungsinhalte, -dauer und Abschlussprüfung sind die gleichen wie im dualen System.

Nach einer einjährigen vollzeitschulischen Phase geht der Schüler in der Regel für 18 Monate in ein **Praktikum**. Bei dem Praktikum handelt es sich um ein **Pflichtpraktikum**; als sogenanntes Zwischenpraktikum ist es Teil der Ausbildung gem. der Ausbildungsordnung. Es soll dem Praktikanten einen wichtigen Einblick in die Praxis gewähren. Pflichtpraktikanten behalten den Status eines Schülers bei; sie sind keine Arbeitnehmer im Sinne des Arbeitsrechts, jedoch können betriebsverfassungsrechtliche Regelungen Anwendung finden. Da das Pflichtpraktikum als Teil der Ausbildung gilt, hat der Praktikant keinen gesetzlichen Anspruch auf Vergütung, Urlaub oder anderer Arbeitnehmerrechte. Falls jedoch ein Praktikumsentgelt gezahlt wird, ganz gleich in welcher Höhe, müssen keine Sozialversicherungsbeiträge gezahlt werden. Es gelten hier auch nicht die Regeln über die geringfügige Beschäftigung. Hinsichtlich der **Kranken- und Pflegeversicherung** sind die Verdienstgrenzen zu beachten, will man kostenfrei in die Familienversicherung der Eltern versichert bleiben (Einkommensgrenze ab 2014: 395 Euro). Wenn der Praktikant steuerrechtlich über den jährlichen Grundfreibetrag hinaus verdient (2014: 8.354 Euro für Alleinstehende – Sicherung des Existenzminimums), muss er Lohnsteuer zahlen.

Die Lehrgangsdauer beträgt drei Jahre; kann auf Antrag hier ebenfalls verkürzt oder verlängert werden.

Zulassungsvoraussetzungen zur IHK-Abschlussprüfung:
Vorlegung des unterschriebenen Berichtsheftes; die Zwischenprüfung ist keine Zulassungsvoraussetzung.

6.1.3 Externenprüfung

Wenn man eine bestimmte Zeit einen Ausbildungsberuf nachweislich professionell ausgeübt hat, kann man die betreffende Abschlussprüfung vor der zuständigen Kammer ablegen. Um zur Externenprüfung zugelassen zu werden, muss man bei der örtlichen Kammer einen Antrag stellen und durch seinen Lebenslauf sowie Zeugnisse und Bescheinigungen die erworbene Berufserfahrung nachweisen (§ 45 II BBiG – mindestens das 1 ½-fache der Zeit, die als Ausbildungszeit vorgeschrieben ist; je nach Schulabschluss ca. 4 ½ bis 5 ½ Jahre Berufserfahrung zum Zeitpunkt der Prüfung).

Voraussetzungen zur IHK-Abschlussprüfung:
Antrag bei der zuständigen IHK und Nachweis der Berufserfahrung. Zwischenprüfung und Berichtsheft sind keine Zulassungsvoraussetzungen.

Bei den weiteren Ausführungen wird das duale Ausbildungsverhältnis zugrunde gelegt.

6.2 Der Berufsausbildungsvertrag

Vertragspartner des Berufsausbildungsvertrages sind der **Ausbildende** (Ausbildungsbetrieb) und der **Auszubildende** (bei Minderjährigen ist auch hier die Zustimmung des gesetzlichen Vertreters erforderlich). Es gibt auch hier keine Formvorschrift für den Abschluss des Berufsausbildungsvertrages, jedoch müssen die wesentlichen Inhalte des Berufsausbildungsvertrages schriftlich niedergelegt werden, und zwar **vor** Beginn der Ausbildung (vgl. § 11 BBiG). In der Praxis wird der Ausbildungsvertrag regelmäßig schriftlich abgeschlossen. Dabei wird meistens ein von der zuständigen Kammer herausgegebenes Vertragsmuster verwendet; damit ist zugleich die Niederschrift erfüllt. Der Vertrag bzw. die Niederlegung der wesentlichen Inhalte wird vom Ausbildenden an die zuständige Kammer (z.B. IHK) geschickt mit dem Antrag, ihn in ein dort geführtes **Verzeichnis der Berufsausbildungsverhältnisse** einzutragen (bei der Handwerkskammer ist es die Lehrlingsrolle).

Die wesentlichen Inhalte des Vertrages werden vom BBiG (§ 11) vorgegeben und sollen dem Auszubildenden eine Mindestabsicherung gewährleisten.

6.2.1 Wesentliche Inhalte des Berufsausbildungsvertrages

- Persönliche Daten der Vertragspartner
- Art und Ziel der Ausbildung (Berufsbezeichnung)

- Beginn und Dauer der Ausbildung
- Kündigungsmöglichkeiten
- Dauer der Probezeit
- Vergütung (gestaffelt nach jährlicher Steigerung)
- Dauer des Urlaubs
- Ausbildungsort
- Ausbildungsmaßnahmen außerhalb der Ausbildungsstätte
- Dauer der täglichen Arbeitszeit
- Hinweis auf Tarifverträge, Betriebsvereinbarungen

6.3 Besonderheiten im Berufsausbildungsverhältnis

6.3.1 Probezeit

Im Berufsausbildungsverhältnis ist eine Probezeit Pflicht (im Gegensatz zum normalen Arbeitsverhältnis). Die Probezeit muss mindestens einen und maximal vier Monate betragen (vgl. 20 BBiG).

6.3.2 Verbotene Klauseln

Verboten sind alle Regelungen, die zum Nachteil des Auszubildenden vom Ausbildungsvertrag abweichen (z.B. Verzicht auf tarifvertragliche Regelungen, Verzicht auf Ausbildungsvergütung, Zahlungen von „Lehrgeld" an den Betrieb etc.).

6.3.3 Ausbildungsvergütung

Die Vergütung soll nach dem Lebensalter bemessen werden. Mit fortschreitender Ausbildung muss sie mindestens einmal jährlich ansteigen, sogenannte **Staffelung** (vgl. § 17 BBiG). Die Höhe der Ausbildungsvergütung wird in der Regel in Tarifverträgen festgelegt. Die Vergütung ist spätestens am letzten Arbeitstag des laufenden Kalendermonats zu zahlen. Bei unverschuldeter Krankheit wird die Vergütung - wie auch beim normalen Arbeitsverhältnis - vom Ausbildenden bis zu sechs Wochen weitergezahlt.

6.3.4 Berichtsheft

Zur Dokumentation des Ausbildungsverlaufs müssen Auszubildende ein Berichtsheft führen. Es ist ein vom Auszubildenden eigenverantwortlich erstellter Ausbildungsnachweis über die vermittelten Fertigkeiten und Kenntnisse im Betrieb sowie über die Themen des Berufsschulunterrichts. Das vom Ausbilder unterschriebene Berichtsheft ist bei der Abschlussprüfung der zuständigen Kammer vorzulegen.

6.3.5 Auskunfts-, Beschwerde- und Klagemöglichkeiten

Im Betrieb kann sich der Auszubildende in allen Fragen an den Ausbildenden, Ausbilder oder an den Betriebsrat wenden. Daneben muss die zuständige Kammer die Berufsausbildung durch Beratung fördern; sie beschäftigen Ausbildungsberater, an den sich der Ausbildende und Auszubildende wenden kann (dies gilt auch für das vollzeitschulische System). Bei Streitigkeiten zwischen dem Ausbildenden und Auszubildenden muss zunächst der Schlichtungsausschuss der zuständigen Kammer angerufen werden, bevor eine Klage vor dem Arbeitsgericht eingereicht wird. Über Ausbildungsstätten und Ausbildungsberufe berät die Arbeitsagentur; über Fragen des Jugendarbeitsschutzes geben die Gewerbeaufsichtsämter Auskunft.

6.3.6 Pflichten der zuständigen Kammer

- Aufsicht und Verwaltung der Ausbildung nach BBiG
- Überwachungs- und Beratungspflicht
- Bestellung von Ausbildungsberater für die Betriebe
- Errichtung eines Schlichtungsausschusses
- Erlass der Prüfungsordnungen für die Abschlussprüfungen
- Errichtung des Prüfungsausschusses (mindestens drei Prüfer)
- Bestimmung und Bekanntgabe von Prüfungsterminen
- Zulassungsentscheidungen
- Aus- und Zustellung der Prüfungszeugnisse

Im Handwerk ist die IHK zuständig für die Ablegung der Facharbeiterprüfung; die Handwerkskammer ist zuständig für die Ablegung der Gesellenprüfung.

6.4 Rechte und Pflichten der Vertragsparteien

Am Berufsausbildungsverhältnis sind nach der Definition des Gesetzgebers im BBiG verschiedene Personen beteiligt: Auszubildender, Ausbildender und ggfs. der Ausbilder. Der Ausbilder kann identisch mit dem Ausbildenden sein, muss es aber nicht.

6.4.1 Pflichten des Ausbildenden nach § 14 BBiG

6.4.1.1 Ausbildungspflicht

- Vermittlung der Fähigkeiten und Kenntnisse, die für den Ausbildungsberuf erforderlich sind
- Kostenlose Zurverfügungstellung von Ausbildungsmittel (Werkzeuge, Werkstoffe)
- Freistellung des Auszubildenden für die Teilnahme am Berufsschulunterricht, an Prüfungen und außerschulischen Ausbildungsmaßnahmen
- Verbot von ausbildungsfremden Tätigkeiten
- Einstellen geeigneter Ausbilder, falls die Ausbildung nicht selbst durchgeführt wird
- Charakterliche Förderung des Auszubildenden und Vermeidung sittlicher und körperlicher Gefährdung

6.4.1.2 Fürsorgepflicht

Dazu gehört die **Vergütungspflicht.** Die Vergütung versteht sich nicht als Lohn für die erbrachte Leistung, sondern als Hilfe zur Überbrückung der Ausbildungszeit. Sie muss in jedem Ausbildungsjahr einmal erhöht werden, sogenannte Staffelung. Selbstverständlich hat auch hier der Ausbildende die Pflicht, die Sozialabgaben ordnungsgemäß abzuführen (erhält der Auszubildende weniger als 325 Euro monatlich, so gilt er als Geringverdiener i.S.d. Sozialversicherung und muss keine Arbeitnehmer-Sozialversicherungsbeiträge zahlen; der Arbeitgeber zahlt dann den gesamten Sozialversicherungsbeitrag).

Des Weiteren zählt die **Urlaubsgewährung** dazu. Der Ausbildende hat dem Auszubildenden Urlaub zu gewähren (dieser soll in der Regel in den Berufsschulferien genommen werden). Ebenso gehört die **Einhaltung des Arbeitsschutzes** (insbesondere des JArbSchG) zur Fürsorgepflicht.

6.4.1.3 Zeugniserteilungspflicht

Gem. § 16 BBiG ist dem Auszubildenden nach Beendigung der Ausbildung ein Zeugnis über Art, Dauer und über die erworbenen Kenntnisse und Fähigkeiten zu erteilen. Auf Wunsch des Auszubildenden soll im Zeugnis auch eine Beurteilung der Leistung und des Sozialverhaltens aufgeführt werden (qualifiziertes Ausbildungszeugnis).

6.4.2 Pflichten des Ausbilders

Wenn der Ausbildende die Ausbildung nicht selbst ausführt oder fachlich nicht geeignet ist, die Ausbildung selbst durchführen, so muss er einen Ausbilder einstellen, der persönlich und fachlich geeignet ist. Der Ausbilder ist die Person, die die Unterrichtung des Auszubildenden unmittelbar übernimmt. In Deutschland muss im Rahmen der dualen Ausbildung in jedem ausbildenden Betrieb mittlerweile ein Ausbilder nach der Ausbilder-Eignungsverordnung (AEVO, auch AusbEignV) tätig sein, der Ansprechpartner für die Auszubildenden ist.

Die persönliche Eignung des Ausbilders wird generell unterstellt, es sei denn, er hat wiederholt oder schwer gegen das BBiG oder das JArbSchG verstoßen oder darf Kinder und Jugendliche nicht beschäftigen (vgl. § 29 BBiG).

Fachliche Eignung des Ausbilders: Die Abschlussprüfung in dem Ausbildungsberuf oder ein Hochschulstudium in der entsprechenden Fachrichtung sowie mehrjährige praktische Berufserfahrung und/oder die Vorlage der Ausbildungseignerqualifikation der zuständigen Kammer sind erforderlich (§ 30 BBiG).

Zu den **Pflichten des Ausbilders** gehören neben der Vermittlung der Fertigkeiten und Kenntnisse:
- die Überwachung und Unterzeichnung des Berichtsheftes sowie
- die Fertigung und Unterzeichnung des Ausbildungszeugnisses.

6.4.3 Pflichten des Auszubildenden nach § 13 BBiG

Der Auszubildende hat sich zu bemühen, die berufliche Handlungsfähigkeit zu erwerben, die zum Erreichen des Ausbildungsziels erforderlich ist.

6.4.3.1 Lern- und Dienstleistungspflicht

- Befolgen der Weisungen des Ausbildenden bzw. des Ausbilders
- Sorgfältige Ausführung der übertragenen Weisungen
- Berufsschulpflicht
- Pflicht zum Führen eines Berichtsheftes

6.4.3.2 Beachtung und Einhaltung der Betriebsordnungen

- Pflegliche Behandlung der Betriebseinrichtung und Werkzeuge
- Einhaltung der geltenden Kleiderordnung und Hausordnung

6.4.3.3 Wahrung von Geschäfts- und Betriebsgeheimnissen

- Über alle Betriebs- und Geschäftsgeheimnisse hat der Auszubildende Stillschweigen zu bewahren
- Das gesetzliche Wettbewerbsverbot ist auch hier zu beachten

6.5 Beendigung des Berufsausbildungsverhältnisses

Die Ausbildung im dualen System dauert im Regelfall drei Jahre und endet grundsätzlich mit Beendigung des Ausbildungsvertrages, wenn nicht zuvor die Abschlussprüfung bestanden worden ist. Im Regelfall findet die Abschlussprüfung einige Monate vor Ablauf der Ausbildungszeit statt. Anders ist die Regelung in der vollzeitschulischen Ausbildung: Hier wird die Abschlussprüfung in der Regel einige Monate nach Ablauf der dreijährigen Ausbildung abgelegt.

6.5.1 Beendigung durch Ablegen der Prüfung / Ablauf des Vertrages

Da im Regelfall die Abschlussprüfung vor dem Ablauf der Ausbildungszeit stattfindet, endet die Berufsausbildung am Tag der mündlichen Prüfung mit Bestehen der Prüfung und Bekanntgabe des Prüfungsergebnisses.

Bei Nichtbestehen der Abschlussprüfung endet das Ausbildungsverhältnis mit Beendigung der Ausbildungszeit gemäß Berufsausbildungsvertrag.
Der Auszubildende kann jedoch unverzüglich eine Verlängerung der Ausbildungszeit bis zur nächstmöglichen **Wiederholungsprüfung** beantragen, maximal ein Jahr (§ 21 BBiG). Das Ausbildungsverhältnis endet dann mit Bestehen der Wiederholungsprüfung. Der Ausbildende ist auch ohne seine Zustimmung durch das Verlängerungsverlangen des Auszubildenden an den Vertrag gebunden. Fällt er durch die Wiederholungsprüfung, endet das Ausbildungsverhältnis ohne weitere Verlängerung. Der Auszubildende hat die Möglichkeit, die Prüfung ein weiteres Mal auf Antrag bei der zuständigen Kammer zu wiederholen (vgl. § 37 BBiG). Insgesamt kann der Auszubildende also zweimal die Abschlussprüfung wiederholen.

Soll eine **Übernahme des Auszubildenden** durch den Ausbildungsbetrieb nicht stattfinden, so muss der Ausbildende dem Auszubildenden spätestens am letzten Ausbildungstag davon in Kenntnis setzen. Eine unmittelbare Weiterbeschäftigung in Kenntnis der bestandenen Prüfung begründet ein unbefristetes Arbeitsverhältnis.

6.5.2 Beendigung durch Kündigung

Kündigung in der Probezeit:
Während der Probezeit kann das Ausbildungsverhältnis jederzeit fristlos von beiden Seiten, d.h. ohne Einhaltung einer Kündigungsfrist und ohne Angabe von Gründen gekündigt werden.

Kündigung nach der Probezeit:

6.5.2.1 Ordentliche Kündigung

Nach der Probezeit kann nur der Auszubildende gem. § 22 BBiG ordentlich, d.h. fristgerecht, mit Angabe von Gründen kündigen, wenn er die Ausbildung aufgeben oder sich in einer anderen Berufsausbildung ausbilden lassen will. Die Frist beträgt vier Wochen. Die Kündigung muss immer schriftlich erfolgen. Der Ausbildende kann nach der Probezeit nicht mehr ordentlich kündigen!

6.5.2.2 Außerordentliche Kündigung

Der Ausbildende kann nach der Probezeit nur noch außerordentlich kündigen, d.h. wenn ein wichtiger Grund vorliegt, der die Fortsetzung des Ausbildungsverhältnisses bis zum Ende der Ausbildung unzumutbar macht, denn er hat eine besondere Fürsorgepflicht gegenüber dem Auszubildenden übernommen. Die Regelungen über die außerordentliche Kündigung gelten auch für den Auszubildenden. Es muss keine Frist eingehalten werden. Die fristlose Kündigung ist dann jedoch unwirksam, wenn dem Ausbildenden/Auszubildenden der Kündigungsgrund länger als zwei Wochen bekannt war, ohne dass er in diesem Zeitraum die Kündigung vorgenommen hat.

Wichtige Gründe, die eine außerordentliche Kündigung von Seiten des Auszubildenden/ Ausbildenden rechtfertigen, können sein:
Allgemeine Gründe, wie im normalen Arbeitsverhältnis:
- Diebstahl/Unterschlagung/Betrug

- Verstoß gegen die Verschwiegenheitspflicht
- Handgreiflichkeiten und grobe Beleidigung
- Mehrfache Nichtzahlung bzw. mehrfache verspätete Zahlung der Vergütung
- Mobbing, sexuelle Belästigung

Typische wichtige Gründe während der Ausbildung:
- Nichtteilnahme am Berufsschulunterricht trotz wiederholter Abmahnung
- Nichtnachkommen der Ausbildungspflicht durch den Ausbildenden
- Beharrliche Weigerung des Auszubildenden, ein ordnungsgemäßes Berichtsheft trotz mehrfacher Abmahnung zu führen
- Dem Ausbilder/Ausbildenden wird die Berechtigung zur Ausbildung entzogen
- Der Ausbilder verstößt gegen die Ausbildungs- und Erziehungspflichten.

6.5.3 Sonstige Beendigungsgründe

Wie auch jedes andere Arbeitsverhältnis kann das Ausbildungsverhältnis enden durch einen gegenseitigen Aufhebungsvertrag oder Tod des Auszubildenden.

6.6 Rechtsgrundlagen der Berufsausbildung

6.6.1 Berufsbildungsgesetz

Das BBiG ist die rechtliche Grundlage zur Durchführung der Berufsausbildung, der Prüfungen und Überwachung der Ausbildung. Es ist somit das wichtigste Gesetz zur Durchführung und Ordnung der Berufsausbildung.

Das BBiG beinhaltet wesentliche Aussagen über:
- Regelungen über den Abschluss des Berufsausbildungsvertrages
- Rechte und Pflichten des Ausbildenden und Auszubildenden
- Vergütung, Probezeit
- Beendigung des Berufsausbildungsverhältnisses
- Berechtigung zum Ausbilden
- Prüfungswesen

6.6.2 Ausbildungsordnung

Die Ausbildungsordnung ist die rechtliche Grundlage für eine geordnete und einheitliche

Berufsausbildung im **Betrieb**. Sie enthält Vorschriften, die für den jeweiligen Ausbildungsberuf (z.B. Kaufmann/-frau für Bürokommunikation, Veranstaltungskaufmann/-frau, Mediengestalter/in Bild und Ton, Sport- und Fitnesskaufmann/-kauffrau) von Bedeutung sind.

Sie hat nach § 5 BBiG mindestens festzulegen:
- die Bezeichnung des Ausbildungsberufes
- die Ausbildungsdauer (mind. zwei bis max. drei Jahre)
- das Berufsbild, d.h. die zu vermittelnden beruflichen Kenntnisse und Fähigkeiten (Arbeitsrecht, Veranstaltungsplanung, Buchführung etc.)
- den Ausbildungsrahmenplan, der die sachliche und zeitliche Gliederung der zu vermittelnden beruflichen Fähigkeiten und Kenntnisse in groben Zügen (Verteilung auf die einzelnen Ausbildungsjahre) festlegt
- Prüfungsanforderungen.

6.6.3 Rahmenlehrplan

Der Rahmenlehrplan wird von der Kultusministerkonferenz der Bundesländer für die **Berufsschule** entwickelt. Er ist die inhaltliche Richtlinie für die Berufsschulen. Im Rahmenlehrplan werden die zu vermittelnden Lerninhalte, Unterrichtsfächer nebst Stundenzahl konkretisiert und zeitlich gegliedert. Es wird festgelegt, in welcher Reihenfolge und mit welchen Inhalten die einzelnen Fähigkeiten zu vermitteln sind. Die Inhalte der Zwischen- und Abschlussprüfungen werden jedoch von den zuständigen Kammern dokumentiert.

6.6.4 Prüfungsordnung

Die zuständige Kammer muss die Anforderungen an die abzulegenden Abschlussprüfungen in einer Prüfungsordnung festlegen (und veröffentlichen). Die Prüfungsordnung muss dann durch die oberste Landesbehörde genehmigt werden. In der Prüfungsordnung sind die Gliederung der Prüfung, die Bewertungsmaßstäbe, die Erteilung der Zeugnisse, die Folgen von Verstößen gegen die Prüfungsordnung und die Voraussetzungen der Wiederholungsprüfung geregelt.

6.6.5 Jugendarbeitsschutz im Berufsausbildungsverhältnis

Der Ausbildende hat bei jugendlichen Auszubildenden das Jugendarbeitsschutzgesetz (JArbSchG) einzuhalten (vgl. insoweit die Ausführungen unter Abschnitt 10.2.2 - Jugendliche). Zum Teil gilt das Gesetz auch für ältere Auszubildende.

Berufsschulunterricht und Prüfungen:
Der Arbeitgeber hat den Jugendlichen gem. § 9 JArbSchG für die Teilnahme am Berufsschulunterricht freizustellen. Er darf den Jugendlichen nicht beschäftigen:
1. vor einem vor 9 Uhr beginnenden Unterricht; dies gilt auch für Auszubildenden, die über 18 Jahre alt und noch berufsschulpflichtig sind,
2. an einem Berufsschultag mit mehr als fünf Unterrichtsstunden von mindestens je 45 Minuten, einmal in der Woche,
3. in Berufsschulwochen mit einem planmäßigen Blockunterricht von mindestens 25 Stunden an mindestens fünf Tagen.

Bezahlt freizustellen sind Jugendliche ebenfalls an Prüfungstagen und an dem Tag vor den Prüfungen. Auf die Arbeitszeit werden die oben genannten Berufsschultage mit acht Stunden und Berufsschulwochen mit 40 Stunden angerechnet (vgl. § 8 JArbSchG); ein Entgeltausfall darf durch den Besuch der Berufsschule nicht eintreten. Gibt es in dem Ausbildungsbetrieb einen Tarifvertrag, der eine kürzere Arbeitszeit vorsieht, so sind Berufsschultage nur dann auf die kürzere tarifliche Arbeits- bzw. Ausbildungszeit anzurechnen, wenn im Tarifvertrag eine eigene tarifliche Anrechnungsregelung hinsichtlich der Berufsschulzeiten festgeschrieben ist.

Minderjährige Auszubildende können eine Berufsausbildung nur beginnen, wenn innerhalb der letzten 14 Monate vor Beginn der Ausbildung die sogenannte **Erstuntersuchung** durchgeführt wurde. Ein Jahr nach Aufnahme der Berufsausbildung müssen sich minderjährige Auszubildende erneut untersuchen lassen (**Nachuntersuchung**).

••• 7 Berufausbildungsvorbereitung

Die Berufsausbildungsvorbereitung gem. §§ 1 Abs. 2, 68 BBiG dient dem Ziel, an eine Berufsausbildung in einem anerkannten Ausbildungsberuf oder eine gleichwertige Berufsausbildung heranzuführen. Die Berufsausbildungsvorbereitung ist geschaffen worden für lernbeeinträchtigte oder sozial benachteiligte Personen, deren Entwicklungsstand eine erfolgreiche Ausbildung in einem anerkannten Ausbildungsberuf oder eine gleichwertige Berufsausbildung noch nicht erwarten lässt.

Maßnahmen der Berufsausbildungsvorbereitung müssen nach Inhalt, Art, Ziel und Dauer den besonderen Erfordernissen des genannten Personenkreises entsprechen und durch umfassende sozialpädagogische Betreuung und Unterstützung begleitet werden. Sie dienen der Vermittlung von Grundlagen für den Erwerb beruflicher Handlungsfähigkeit (öffentliche Förderung nach dem SGB).

••• 8 Berufliche Mobilität

Unter **„Berufliche Mobilität"** ist die Flexibilität eines Arbeitnehmers sowie seine Bereitschaft zu beruflicher Veränderung zu verstehen. Die berufliche Mobilität kann Arbeitslosigkeit vermeiden und gleichzeitig Chancen auf dem Arbeitsmarkt erhöhen, z.B. durch:
- Arbeitsplatzwechsel
- berufliche Fortbildung
- berufliche Umschulung.

Notwendig wird die berufliche Mobilität aufgrund von:
- Entstehung neuer Berufe
- Wegfall veralteter Berufe
- Veränderung der Arbeitswelt durch das Aufkommen neuer Produkte oder kostenbedingte Produktionsverlagerung

8.1 Berufliche Fortbildung

Die berufliche Fortbildung nach §§ 1 Abs. 4, 53 BBiG soll es ermöglichen, die beruflichen Kenntnisse und Fertigkeiten des Arbeitnehmers zu erhalten, zu erweitern, der technischen Entwicklung anzupassen oder beruflich aufzusteigen. Die Fortbildung wird meistens berufsbegleitend durchgeführt.

Es gibt verschiedene Arten der beruflichen Fortbildung:
Erhaltungsfortbildung – die beruflichen Kenntnisse sollen erhalten werden.
Anpassungsfortbildung – die berufliche Qualifikation soll an die technische und wirtschaftliche Entwicklung angepasst werden.
Aufstiegsfortbildung – ein beruflicher Aufstieg soll ermöglicht werden, z.B. durch Kurse zur Vorbereitung auf Prüfungen zur Fachwirt-Qualifikation.

Förderung der beruflichen Fortbildung: Die überbetriebliche Fortbildung kann von der Bundesagentur für Arbeit gefördert werden. Rechtsgrundlage: SGB III. Buch. Die innerbetriebliche Fortbildung wird normalerweise vom Arbeitgeber bezahlt.

Voraussetzungen für die Förderung nach SGB:
- der Arbeitsplatz ist in Gefahr und die Maßnahme ist mit Blick auf den Arbeitsmarkt notwendig
- der Bildungsträger und die Bildungsmaßnahme sind geeignet
- der Arbeitnehmer ist geeignet für die Maßnahme
- der Antrag auf Förderung muss vor Aufnahme der Maßnahme bei der Agentur für Arbeit gestellt worden sein.

8.2 Berufliche Umschulung

Die berufliche Umschulung soll nach §§ 1, 58 BBiG zu einer anderen beruflichen Tätigkeit befähigen. Die berufliche Umschulung bedeutet einen Wechsel in einen anderen Beruf. Sie kann notwendig werden, wenn jemand arbeitslos wird oder wenn jemand aufgrund einer dauerhaften Krankheit in einem erlernten Beruf nicht mehr arbeiten kann oder darf (z.B. Allergien und Hautekzeme bei Friseuren, Mehlstauballergie beim Bäcker).

Inhalte der beruflichen Umschulung:
Bei der Umschulung werden Maßnahmen gefördert, die einen Übergang in eine andere berufliche Tätigkeit mit neuem Inhalt ermöglichen. Die Umschulungsmaßnahme kann in einem Betrieb oder in einer überbetrieblichen Ausbildungsstätte, z.B. bei einem Bildungsträger, durchgeführt werden. Umschulungslehrgänge werden meistens in Vollzeitform durchgeführt. Zu den Weiterbildungskosten gehören Lehrgangs-, Fahrt-, Verpflegungskosten, evtl. Kosten der auswärtigen Unterbringung sowie Kosten der Kinderbetreuung.

Förderung der beruflichen Umschulung:
Die Förderung erfolgt normalerweise durch die Bundesagentur für Arbeit (Rechtsgrundlage: SGB III). Eine Förderung durch die Deutsche Rentenversicherung (SGB VI), Berufsgenossenschaft (BG - SGB VII) sowie durch die Bundeswehr für ehemalige Soldaten (mit eigenen Gesetzen) ist ebenfalls möglich.

Voraussetzungen für die Förderung nach SGB III:
- nach Lage und Entwicklung des Arbeitsmarktes erscheint die Umschulung erforderlich
- mit einem erfolgreichen Abschluss der Umschulungsmaßnahme kann gerechnet werden
- der Antrag auf Förderung muss vor Beginn der Maßnahme bei der Agentur für Arbeit gestellt werden
- besonders förderungswürdig sind Antragsteller mit einer Vorbeschäftigung von mindestens zwölf Monaten innerhalb der letzten drei Jahre.

• • • 9 Lebenslanges Lernen und Arbeiten in Europa

Für Arbeitnehmer, Selbständige und deren Familienangehörige der Europäischen Union (EU) sowie aus dem Europäischen Wirtschaftsraum (EWR: Island, Norwegen und Liechtenstein) und der Schweiz besteht die Möglichkeit, ohne Einschränkungen nach dem EU-Gemeinschaftsrecht eine Beschäftigung in einem anderen EU-Mitgliedsstaat aufzunehmen. Dazu gehören Freizügigkeit, Niederlassungsfreiheit, Aufenthaltsrecht, Arbeits- und Bewerbungsrecht. Dieses Recht auf Freizügigkeit der Arbeitnehmer ist inzwischen auch auf andere Personengruppen, wie Studenten und Rentner, ausgedehnt worden. Diese Regelungen werden nur im Detail durch nationale Bestimmungen ergänzt bzw. eingeschränkt. Inländer dürfen beim Bewerbungsverfahren anderen EU-Bürgern nicht vorgezogen werden (es gibt Ausnahmen).

> Die Sozialsysteme in den Europäischen Ländern sind sehr unterschiedlich. Teilweise gibt es Pflichtbeiträge für Renten-, Arbeitslosen- oder Krankenkasse. Teilweise werden diese Dinge freiwillig von den Beschäftigten bezahlt oder der Staat kommt dafür auf. Etliche Arbeitnehmer pendeln täglich oder wöchentlich zwischen Wohnort und Arbeitsplatz über eine EU-Binnengrenze. Als Grenzgänger gilt ein Arbeitnehmer oder Selbständiger, der seine Berufstätigkeit in einem anderen Land als seinem Wohnland ausübt, jedoch mindestens einmal wöchentlich dorthin zurückkehrt. Grenzgänger sind normalerweise in dem Land versichert, in dem sie berufstätig sind.

Von 2007 bis 2013 gab es die Möglichkeit, an einem **EU-Bildungsprogramm** „Leonardo" für das lebenslange Lernen im Rahmen der beruflichen Aus- und Weiterbildung teilzunehmen. „**Erasmus+**" löst seit 2014 dieses Programm ab. Neu an Erasmus+ ist die Integration der Bereiche Bildung, Jugend und Sport. In Erasmus+ werden die bisherigen EU-Programme für lebenslanges Lernen, Jugend und Sport sowie die europäischen Kooperationsprogramme im Hochschulbereich (Erasmus) zusammengefasst. Es soll Kompetenzen und Beschäftigungsfähigkeit verbessern und die Modernisierung der Systeme der allgemeinen und beruflichen Bildung und der Jugendarbeit voranbringen. Im schulischen Bereich werden Austausch von Schülerinnen und Schülern, Lehrkräften und Bildungsfachleuten sowie strategische Partnerschaften von Bildungseinrichtungen gefördert. Die Nationale Agentur im pädagogischen Austauschdienst (PAD) setzt in Deutschland das Programm im Schulbereich um. Mit einem Budget von 14,8 Milliarden Euro können mehr als vier Millionen Bürgerinnen und Bürger Zuschüsse erhalten, um im Ausland zu studieren, zu arbeiten oder eine Freiwilligentätigkeit auszuüben.

Der sogenannte „**europass**" ist ein Dokument, das einen Überblick über die Qualifikationen und Kompetenzen einzelner Personen gibt und er dokumentiert Standardinformationen über seine Bildungs- und Berufsbiografie. Diese sind in der EU vereinheitlicht. Er erleichtert die Vergleichbarkeit beruflicher Qualifikationen in Europa. Diesen „europass" (Vorlagen im Internet) kann man ausfüllen bzw. sich ausstellen lassen.

Er beinhaltet unterschiedliche „europass"-Bausteine: europass-Lebenslauf, europass-Sprachenpass, europass-Mobilität (für Lernabschnitte in Europa), europass-Zeugniserläuterungen. Damit öffnet er Türen im Ausland. Für die Erläuterung des Hochschulabschlusszeugnisses ist der „europass-Diploma Supplement" für die Vergleichbarkeit der Studienabschlüsse eingeführt worden.

Wenn auch noch die Lebens- und Arbeitsbedingungen in den europäischen Staaten unterschiedlich sind, werden sie sich voraussichtlich immer weiter angleichen. Die Mehrzahl aller Mitgliedstaaten des Europarates hat bereits 1961 den Vertrag **„Europäische Sozialcharta"** unterzeichnet; sie schützt soziale und wirtschaftliche Grundrechte, z.B. freie Arbeitsplatzwahl, gerechte und gesunde Arbeitsbedingungen, geregeltes Entgelt, berufliche Ausbildung, den Schutz Behinderter.

••• 10 Arbeitsschutzrecht

Alle Bestimmungen und Vorschriften, die dem Schutz des Arbeitnehmers dienen, werden als Arbeitsschutzrecht bezeichnet. Der Arbeitnehmer ist bei der Arbeit im Betrieb von Gefahren bedroht. Hier greift der Staat mit gesetzlichen Regelungen ein, die den Arbeitnehmer vor Ausbeutung, Arbeitsunfähigkeit, Krankheit und Tod schützen sollen. Der Arbeitsschutz wird unterteilt in den **technischen** und **sozialen Arbeitsschutz.**

10.1 Technischer Arbeitsschutz

Zum technischen Arbeitsschutz zählen alle Vorschriften, die sich auf die Erhöhung der Arbeitssicherheit und Maßnahmen, die sich auf den Schutz von technischen Anlagen, Maschinen, Werkzeuge und Arbeitsmaterial beziehen. Der Arbeitgeber ist verpflichtet, die Arbeitsstätte sowie Maschinen, Geräte und Anlagen so einzurichten, dass der Arbeitnehmer gegen Gefahren für Leben und Gesundheit geschützt ist. Durch einen gezielten Arbeitsschutz sollen Arbeitsunfälle, Berufskrankheiten und Dauerschäden vermieden werden.

Der Arbeitgeber kann bestimmte Aufgaben auf geeignete Personen übertragen; er bleibt jedoch in der Pflicht, die ordnungsgemäße Aufgabenerfüllung dieser Personen zu überwachen (vgl. § 13 Abs. 2 Arbeitsschutzgesetz – ArbSchG). Aus dem Kreis der Mitarbeiter des Betriebes hat der Arbeitgeber (unter Beteiligung des Betriebsrates) einen **Sicherheitsbeauftragten** für den einzelnen Betrieb zu bestimmen. Diese Pflicht besteht für Betriebe, die sich in Deutschland befinden und mindestens 20 Arbeitnehmern beschäftigen (§ 22 SGB VII. Buch). Der Sicherheitsbeauftragte hat den Arbeitgeber bei der Durchführung der Maßnahme zur Verhütung von Arbeitsunfällen und Berufskrankheiten zu unterstützen. Insbesondere müssen sie sich vom Vorhandensein und der ordnungsgemäßen Benutzung der Schutzeinrichtungen und der persönlichen Schutzausrüstung überzeugen. Auch haben sie andere Arbeitnehmer über Unfall- und Gesundheitsgefahren zu informieren. Sie geben Hinweise und Empfehlungen zur Beseitigung von Gefahren und Sicherheitsmängeln und informieren Arbeitskollegen über Fragen des Arbeitsschutzes und sollen zu sicherheitsgerechtem Verhalten motivieren.

> Der Arbeitgeber kann neben Sicherheitsbeauftragten auch Brandschutz- und Umweltschutzbeauftragte einstellen (vgl. unter Brandschutz bzw. Umweltschutz). Der Arbeitgeber hat zusätzlich Fachkräfte für Arbeitssicherheit (Sicherheitsingenieure, -techniker, -meister) und Betriebsärzte zu bestellen, soweit dies erforderlich ist. Diese sollen ihn beim Arbeitsschutz und bei der Unfallverhütung unterstützen (vgl. Gesetz über Betriebsärzte, Sicherheitsingenieure und andere Fachkräfte für Arbeitssicherheit – ASiG). Der Arbeitgeber hat auch Ersthelfer in seinem Betrieb auszubilden oder einzustellen (vgl. §§ 10 ArbSchG, 26 der Berufsgenossenschaftlichen Vorschrift für Sicherheit und Gesundheit bei der Arbeit). Der Arbeitgeber, der personenbezogene Daten von Arbeitnehmern oder anderen Personen erhebt (EDV), verarbeitet oder nutzt, hat einen Datenschutzbeauftragten mit der erforderlichen Sachkunde und Zuverlässigkeit zu bestellen, wenn mindestens zehn Arbeitnehmer mit diesen Aufgaben ständig beschäftigt sind (vgl. § 4 BDSG).

10.1.1 Rechtsgrundlagen des technischen Arbeitsschutzes

Mit dem **Arbeitsschutzgesetz** - ArbSchG - wurden EG-Richtlinien zum Arbeitsschutz in das deutsche Recht umgesetzt. Es soll die Sicherheit und den Unfall- und Gesundheitsschutz der Beschäftigten sichern und verbessern sowie die medizinische Betreuung im Betrieb sicherstellen. Für den Arbeitgeber stellt § 4 ArbSchG **allgemeine Grundsätze** auf:
1. Die Arbeit ist so zu gestalten, dass eine Gefährdung für das Leben sowie die physische und die psychische Gesundheit möglichst vermieden und die verbleibende Gefährdung möglichst gering gehalten wird;
2. Gefahren sind an ihrer Quelle zu bekämpfen;
3. bei den Maßnahmen sind der Stand von Technik, Arbeitsmedizin und Hygiene sowie sonstige gesicherte arbeitswissenschaftliche Erkenntnisse zu berücksichtigen;
4. Maßnahmen sind mit dem Ziel zu planen, Technik, Arbeitsorganisation, sonstige Arbeitsbedingungen, soziale Beziehungen und Einfluss der Umwelt auf den Arbeitsplatz sachgerecht zu verknüpfen;
5. individuelle Schutzmaßnahmen sind nachrangig zu anderen Maßnahmen;
6. spezielle Gefahren für besonders schutzbedürftige Beschäftigtengruppen sind zu berücksichtigen;
7. den Beschäftigten sind geeignete Anweisungen zu erteilen;
8. mittelbar oder unmittelbar geschlechtsspezifisch wirkende Regelungen sind nur zulässig, wenn dies aus biologischen Gründen zwingend geboten ist.

Die **Unfallverhütungsvorschriften**, die von den **Berufsgenossenschaften** erlassen werden -BGV-, enthalten Verhütungsmaßnahmen zur Vermeidung von Arbeitsunfällen sowie Vorschriften für die Gestaltung von Einrichtungen und erforderliche Anordnungen. Diese Vorschriften müssen im Betrieb an geeigneter Stelle aushängen und die Mitarbeiter sind darüber genau zu unterrichten. Das SGB VII. Buch ist die Grundlage des Unfallversicherungsrechts in der Bundesrepublik Deutschland. Es trifft u.a. Regelungen über die Haftung von Arbeitgebern sowie über die Unfallverhütung und die Erste Hilfe. Es verpflichtet alle Arbeitgeber, ihre Beschäftigten gegen die Folgen von Arbeitsunfällen, Berufskrankheiten und Wegeunfälle zur Arbeit zu versichern (gesetzliche Unfallversicherung). Die Überwachung erfolgt durch die Berufsgenossenschaften.

Nach der **Gewerbeordnung** - GewO - wird der Arbeitgeber ebenso verpflichtet, Arbeitsräume und Betriebsvorrichtungen, Maschinen usw. so einzurichten, dass ein gefahrloser Betrieb möglich ist.

Die **Arbeitsstättenverordnung** - ArbStättVO - macht Zielvorgaben für die Sicherheit und den Gesundheitsschutz der Beschäftigten beim Einrichten und Betreiben von Arbeitsstätten. Dort werden allgemeine Anforderungen an Betriebsräume und Arbeitsstätten hinsichtlich Belüftung, Temperatur, Beleuchtung, Lärm, Nichtraucherschutz, Verkehrs- und Fluchtwege, Erste-Hilfe-Räume usw. festgelegt.

Grundpflichten des Arbeitgebers: Er ist verpflichtet, die erforderlichen Maßnahmen des Arbeitsschutzes unter Berücksichtigung der Umstände zu treffen, die Sicherheit und Gesundheit der Beschäftigten bei der Arbeit beeinflussen. Eine Gefährdung der Arbeitnehmer kann sich insbesondere ergeben durch unzureichende Qualifikation und Unterweisung.

Erste Hilfe und sonstige Notfallmaßnahmen: Der Arbeitgeber hat entsprechend der Art der Arbeitsstätte und der Tätigkeit sowie der Zahl der Beschäftigten die Maßnahmen zu treffen, die zur Ersten Hilfe, Brandbekämpfung und Evakuierung der Beschäftigten erforderlich sind. Der Arbeitgeber hat die Arbeitnehmer vor der Beschäftigung und danach in angemessenen Zeitabständen, mindestens jedoch einmal jährlich zu unterweisen.

10.1.2 Brandschutz

Unter Brandschutz versteht man alle Maßnahmen, die der Entstehung eines Brandes und der Ausbreitung von Feuer und Rauch (Brandausbreitung) vorbeugen, und bei einem Brand die Rettung von Menschen und Tieren sowie wirksame Löscharbeiten ermöglichen. Es gibt den vorbeugenden und den abwehrenden Brandschutz. **Vorbeugender Brandschutz** ist der Überbegriff für alle Maßnahmen, die im Voraus die

Entstehung, Ausbreitung und Auswirkung von Bränden verhindern bzw. einschränken. Meist wird Brandschutz in Gebäuden betrieben durch Aufstellen von Feuerlöschern, Rettungszeichen usw. Insbesondere bei Veranstaltungen wird der Brandschutz immer wichtiger. Dort müssen bei Vorführungen mit Feuer, Kerzen usw. ein sogenannter „Feuerwehrsicherheitswachdienst" oder eine Brandsicherheitswache gestellt werden. **Abwehrender Brandschutz** tritt erst dann in Erscheinung, wenn der vorbeugende Brandschutz versagt hat und ist Aufgabe der Feuerwehr. Ein **Brandschutzbeauftragter** ist eine vom Arbeitgeber beauftragte Person, die speziell für den Brandschutz ausgebildet wurde; sie nimmt in dem Unternehmen den betrieblichen Brandschutz wahr und soll vorbeugend tätig sein. Es besteht keine Pflicht des Arbeitgebers, einen Brandschutzbeauftragten zu bestimmen. Von der Feuerversicherung des Arbeitgebers kann jedoch die Bestellung eines Brandschutzbeauftragten bei der Festsetzung der Höhe der Prämie berücksichtigt werden. Aus den Brandschutzgesetzen der Länder resultieren die Feuerwehrdienstvorschriften; sie sind auch die Grundlage für die Durchführung der Brandschau in gefährdeten Objekten wie z.B. Schulen, Versammlungsstätten, öffentliche Einrichtungen usw. Das Bauordnungsrecht der Länder gilt für alle baulichen Anlagen. Geregelt ist darin u. a. der bauliche Brandschutz für Gebäude und sonstige bauliche Anlagen.

10.1.3 Umweltschutz

Umweltschutz allgemein bezeichnet den Schutz der Umwelt vor störenden Beeinträchtigungen wie Lärm, Verschmutzung von Luft, Boden und Wasser, globale Erwärmung usw. Der **betriebliche Umweltschutz** hat das Ziel, die Inanspruchnahme dieser verschiedenen Umweltressourcen wie Luft, Wasser und Boden durch betriebliche Tätigkeiten soweit zu begrenzen, dass einerseits die rechtlichen Pflichten und Vorgaben sicher erfüllt und andererseits auch betriebswirtschaftliche Optimierungspotentiale, (z.B. beim Energie- und Ressourcenverbrauch) genutzt werden können. Das Umweltministerium konzentriert sich auf die Förderung betrieblicher Umweltprogramme, die zur Einsparung von Energie, Abfall, Abwasser und Betriebsmittel führen. Aufgabe des Staates ist es, durch Gesetzgebung Mensch und Natur vor schädlichen Einwirkungen zu schützen und ihnen vorzubeugen. Aufgabe und Verantwortung der Betriebe ist es, ihren Umweltschutzverpflichtungen nachzukommen. Hinzu kommt, dass der betriebliche Umweltschutz heute auch eine wirtschaftliche Notwendigkeit für die Betriebe ist. Der sparsame Einsatz zunehmend knapper und teurer Ressourcen ist eine Voraussetzung für die Zukunftsfähigkeit von Betrieben. Der sorgsame Umgang mit Ressourcen ermöglicht es den Betrieben, im Wettbewerb zu bestehen und gleichzeitig die Umwelt zu entlasten.
Zum Umweltschutz im Betrieb gehören z.B. folgende Bereiche:
• Abfallsammlung und Abfallsortierung - fachgerechte Abfalltrennung

- Abwasser, Wasserreinigung - Gewässerverunreinigungen behandeln und aufbereiten
- Lärmschutz - Verringerung von Lärmbelastung am Arbeitsplatz
- Messgeräte und Messtechnik - Analysetechnik für saubere Arbeitsplätze
- Sicherer Umgang mit Gefahrstoffen - Gefahrstoffe erkennen und richtig lagern.

Der Umweltschutz im Betrieb wird durch eine Reihe von Richtlinien gesteuert. Zweck der Gesetze ist es, Mensch und Umwelt vor schädlichen Einwirkungen durch die Emissionen von Anlagen aller Art zu schützen. Während für den Arbeitsschutz der Gesetzgeber die Bestellung von Sicherheitsbeauftragten unter bestimmten Voraussetzungen vorschreibt, ist ein entsprechend vor Ort tätiger **Umweltschutzbeauftragter** rechtlich nicht vorgesehen. Schwerpunkt der Tätigkeit der Umweltschutzbeauftragten ist die Entsorgung von Abfällen, insbesondere von Sonderabfällen, Abwasserprobleme, umweltfreundliche Beschaffungsmaßnahmen und die Einsparung von Ressourcen wie Wasser und Energie.

Zu den **Grundprinzipien des Umweltschutzes** gehören:

- **Vorsorgeprinzip**
  Durch eine vorausschauende Planung sollen Umweltbeeinträchtigungen von vorneherein vermieden werden. Moderne Umweltschutzgesetze (z.B. das Bundesimmissionsschutzgesetz - BImSchG) schreiben Vorsorgemaßnahmen bereits dann vor, wenn die Besorgnis für eine Schädigung des Schutzgutes besteht.

- **Zukunfts- oder Nachhaltigkeitsprinzip**
  Umweltschutz bedeutet auch Verantwortung gegenüber kommenden Generationen. Erneuerbare Naturgüter dürfen auf Dauer nur im Rahmen ihrer Regenerationsfähigkeit genutzt werden, um zukünftigen Generationen nicht verloren zu gehen. Nicht erneuerbare Naturgüter dürfen nur in dem Maße genutzt werden, wie ihre Funktionen durch andere Materialien ersetzt werden können.

- **Verursachungsprinzip**
  Die Kosten für die Beseitigung von Umweltschäden sind von demjenigen zu tragen, der für den Schaden verantwortlich zu machen ist (wie im allgemeinen Polizei- und Ordnungsrecht). Der Gedanke, dass sowohl der Handlungs- als auch der Zustandsstörer zu Gefahrenabwehr verpflichtet werden kann, bildet heute ein Prinzip des gesamten Umweltrechts.

- **Gemeinlastprinzip**
  Wenn das Verursacherprinzip nicht realisiert werden kann (Verursacher ist nicht feststellbar), muss die Allgemeinheit die Kosten der Beseitigung von Umweltschäden tragen (der Staat trägt die Kosten dann aus Steuermitteln).

10.1.4 Besondere Arbeitsplätze und Sicherheitszeichen

Gestaltung von Bildschirmarbeitsplätzen
Die **Bildschirmarbeitsverordnung** (BildscharbV) ist eine Verordnung über Sicherheit und Gesundheitsschutz bei der Arbeit an Bildschirmgeräten. Für alle Computerarbeitsplätze sind durch diese EU-Richtlinie Mindeststandards zum Gesundheitsschutz für die Gestaltung von Bildschirmarbeitsplätze einzuhalten, d.h. Vorschriften, um die mögliche Gefährdung des Sehvermögens, die körperliche und psychische Belastung des Arbeitnehmers am Bildschirm zu vermeiden (wie z.B. Ergonomievorschriften, eigene Pausenregelungen, regelmäßige Untersuchungen).

Sicherheitszeichen: Grundsätze für die Gestaltung von Sicherheitszeichen gem. BGV A 8:

Geometrische Formen und ihre Bedeutung	
◯ Gebots- und Verbotszeichen	△ Warnzeichen
☐ Rettungs- und Brandschutzzeichen	▭ Rettungs-, Hinweis-, oder Zusatzzeichen

Bedeutung der geometrischen Form von Sicherheitszeichen und Sicherheitsfarben:

Sicherheitsfarbe	Bedeutung	Hinweis | Aufgaben
Rot	Verbot	Gefährliches Verhalten
	Gefahr	Halt, Evakuierung
	Material und Einrichtungen zur Brandbekämpfung	Kennzeichnung und Standort
Gelb	Warnung	Achtung, Vorsicht, Überprüfung
Grün	Hilfe, Rettung	Türen, Ausgänge, Wege, Stationen, Räume
	Gefahrlosigkeit	Rückkehr zum Normalzustand
Blau	Gebot	Besonderes Verhalten oder Tätigkeit
		Verpflichtung zum Tragen einer persönlichen Schutzausrüstung

Es gibt **weitere Rechtsgrundlagen:**
Das **Geräte- und Produktsicherheitsgesetz** - GPSG - richtet sich zwar überwiegend an die Hersteller von Geräten und Anlagen; für Betreiber wichtig sind jedoch in erster Linie die nach diesem Gesetz erlassene Maschinenverordnung und die Verordnungen über überwachungsbedürftige Anlagen. Es dürfen nur solche Geräte in den Verkehr gebracht werden, die diesen Richtlinien entsprechen.

Zur Gewährung der **Sicherheit am Arbeitsplatz** gehören die Verwendung technischer Geräte mit dem **GS- oder CE-Zeichen** (geprüfte Sicherheit/Conformitè Europèenne, d.h. in Übereinstimmung mit europäischen Richtlinien). CE-Zeichen kennzeichnen Produkte, denen Konformität mit den entsprechenden EG-Richtlinien zugesichert wird, z.B. Messgeräte, Bauprodukte, Spielzeug usw. Die Verantwortung für die Kennzeichnung trägt der Hersteller, sofern er sich innerhalb der EU befindet. Zu den organisatorischen Maßnahmen gehören vor allem Arbeitsanweisungen, die die Verwendung von Sicherheitsschuhen, angemessener Kleidung, Atemschutz- und Lärmschutzgeräte beinhalten, ferner den Umgang mit schweren Lasten.

Zu den **allgemein anerkannten Regeln der Technik** gehören (neben den Arbeitsstättenrichtlinien)

- die **DIN-Normen** (Deutsches Institut für Normung).
  Eine DIN-Norm ist ein freiwilliger Standard, in dem materielle und immaterielle Gegenstände vereinheitlicht sind.
- die **VDE-Bestimmungen** (Verband deutscher Elektrotechniker) sowie
- die **VDI-Richtlinien** (Verband deutscher Ingenieure).

10.1.5 Überwachung des Arbeitsschutzes

Die Überwachung des Arbeitsschutzes erfolgt durch den Staat. Dieser bedient sich seiner Organe wie die staatlichen Gewerbeaufsichtsämter (sie haben das Recht, jederzeit - auch nachts - ohne vorherige Anmeldung die Betriebsanlagen zu kontrollieren), die Berufsgenossenschaften, der Technische Überwachungsverein (TÜV).
Der Arbeitgeber ist verantwortlich, dass die Schutzbestimmungen in seinem Betrieb beachtet werden. Bei Verstoß dieser Vorschriften hat der Arbeitnehmer ein Recht auf Arbeitsverweigerung. Der Arbeitnehmer ist verpflichtet, die Unfallverhütungs- und Sicherheitsvorschriften zu befolgen. Bei Verstoß kann eine Abmahnung erfolgen. Der Betriebsrat hat darüber zu wachen, dass die Schutzbestimmungen und Unfallverhütungsmaßnahmen im Betrieb eingehalten werden.

10.2 Sozialer Arbeitsschutz

Zum sozialen Arbeitsschutz gehören alle Maßnahmen und Regeln, die den Arbeitnehmer vor **körperlicher und seelischer Überforderung** am Arbeitsplatz schützen sollen. Es gibt gesetzliche Regelungen, die für alle Arbeitnehmer ab 18 Jahre gelten, z.B. der Arbeitszeitschutz, der Urlaubsanspruch, der Kündigungsschutz und spezielle Regelungen für besonders gefährdete Personenkreise.

10.2.1 Rechtsgrundlagen des sozialen Arbeitsschutzes

Arbeitszeitgesetz:
Die Dauer der vom Arbeitnehmer pro Tag oder pro Woche zu leistenden Arbeit ergibt sich in der Regel aus dem Arbeits- oder Tarifvertrag. Gesetzliche Beschränkungen finden sich durch das Arbeitszeitgesetz - ArbZG; es findet Anwendung für alle Arbeitnehmer ab 18 Jahren und legt Höchstgrenzen fest.

Arbeitszeit:
Arbeitszeit ist die Zeit vom Beginn bis zum Ende der Arbeit ohne die Ruhepausen; Arbeitszeiten bei mehreren Arbeitgebern sind zusammenzurechnen (vgl. § 2 Abs. 1 ArbZG). Die **werktägliche Arbeitszeit** (montags bis samstags) darf max. acht Stunden betragen (Ausnahmen: zehn Stunden, wenn innerhalb von sechs Monaten im Durchschnitt acht Stunden täglich nicht überschritten werden). Die **wöchentliche Arbeitszeit** darf 48 Stunden nicht überschreiten. Arbeitnehmer dürfen nicht länger als sechs Stunden hintereinander ohne Pause beschäftigt werden (§ 4 ArbZG).
Sonn- und Feiertagsarbeit ist verboten (es gibt Ausnahmen im Dienstleistungsbereich wie z.B. Not- und Rettungsdiensten, Krankenhäuser, Gaststätten, mehrschichtigen Betrieben, Musikaufführungen, Theatervorstellungen, und anderen ähnlichen Veranstaltungen, beim Sport und in Freizeit-, Erholungs- und Vergnügungseinrichtungen). Mindestens 15 Sonntage im Jahr müssen beschäftigungsfrei bleiben. Werden Arbeitnehmer an einem Sonn- oder Feiertag beschäftigt, steht ihnen ein Ersatzruhetag zu.
Nachtarbeit ist Arbeit, die mehr als zwei Stunden der Nachtzeit umfasst; im Allgemeinen die Zeit von 23 Uhr bis 6 Uhr (§ 2 Abs. 3 ArbZG).

Die **Ruhepausen** müssen insgesamt betragen:
- bei einer Arbeitszeit von mehr als sechs Stunden: 30 Minuten Pause
- bei einer Arbeitszeit von mehr als neun Stunden: 45 Minuten Pause.

Die Pausen müssen im Voraus festgelegt und dürfen in Zeitabschnitte von mindestens 15 Minuten aufgeteilt werden. Die **Mindestruhezeit** (Zeit zwischen Ende der Arbeit und nächster Arbeitsbeginn) muss mindestens elf Stunden betragen. Bei der Festlegung der

Arbeitszeit für **Nacht- und Schicht-Arbeitnehmern** ist zu beachten, dass die werktägliche Nachtschicht acht Stunden nicht überschreiten darf.
Von diesen Regelungen gibt es - insbesondere durch Tarifvertrag - viele Ausnahmen.

10.2.2 Schutzvorschriften für besondere Personengruppen

1. Jugendliche
Nach dem Jugendarbeitsschutzgesetz (JArbSchG) haben Jugendliche besondere Schutzvorschriften. Jugendlicher im Sinne dieses Gesetzes ist, wer 15, aber noch nicht 18 Jahre alt ist. Kinderarbeit ist in Deutschland - bis auf wenige Ausnahmen - verboten.
Arbeitszeit ist die Zeit vom Beginn bis zum Ende der täglichen Beschäftigung ohne die Ruhepausen (vgl. § 4 JArbSchG). Die tägliche Arbeitszeit für Jugendliche beträgt regelmäßig maximal acht Stunden (in Ausnahmefällen 8,5 Stunden pro Tag, wenn sonst weniger als acht Stunden in der Woche gearbeitet wird) und wöchentlich 40 Stunden bei maximal fünf Arbeitstagen pro Woche. Samstags, sonntags und an gesetzlichen Feiertagen dürfen Jugendliche nicht beschäftigt werden. Die beiden Ruhetage in der Woche sollten nach Möglichkeit aufeinander folgen. Es gibt zahlreiche Ausnahmen.
Schichtzeit ist die tägliche Arbeitszeit unter Hinzurechnung der Ruhepausen (§ 4 Abs.2 JArbSchG). Eine Schicht darf maximal zehn Stunden betragen.
Verbote: Akkordarbeit (tempoabhängige Arbeit) ist für Jugendliche verboten! Jugendliche dürfen mit Ausnahmen nicht in der Zeit von 20 Uhr bis 6 Uhr beschäftigt werden (Nachtruhe). Gesundheitsgefährdende Arbeiten sind ebenfalls für Jugendliche verboten.
Ruhepausen: Jugendlichen müssen im Voraus feststehende Ruhepausen von angemessener Dauer gewährt werden.
Die Ruhepausen müssen mindestens betragen:
30 Minuten Pause nach einer Arbeitszeit von viereinhalb bis sechs Stunden und
60 Minuten Pause nach einer Arbeitszeit von mehr als sechs Stunden.
Als Ruhepause gilt eine Arbeitsunterbrechung von mindestens 15 Minuten, frühestens eine Stunde nach Beginn und spätestens eine Stunde vor Ende der Arbeitszeit.
Die **Mindestruhezeit** bzw. Freizeit beträgt zwölf Stunden (Zeit zwischen dem Ende der Arbeit und dem nächsten Arbeitsbeginn).
Urlaubsregelungen: 15-Jährige erhalten: 30 Werktage pro Kalenderjahr, 16-Jährige: 27 Werktage, 17-Jährige: 25 Werktage.
Einstellungsuntersuchung: Bei Jugendlichen hat vor Beginn der Arbeitsaufnahme eine ärztliche Untersuchung zu erfolgen (Pflicht). Auch bei den Jugendlichen gibt es zahlreiche Ausnahmen von den Regelungen des JArbSchG.

2. Schwangere/Mütter
Das **Mutterschutzgesetz** (MuSchG) gilt grundsätzlich für alle werdenden und stil-

lenden Mütter, die in einem Arbeitsverhältnis stehen (gilt für alle Arbeitnehmerinnen, auch Auszubildende, Teilzeit- und geringfügig Beschäftigte). Schwangere Frauen und Mütter haben das Recht auf besonderen Schutz durch Gefahren am Arbeitsplatz und besondere Fürsorge. Damit die Schutzregelungen wirksam werden können, sollte die Arbeitnehmerin ihre Schwangerschaft dem Arbeitgeber so früh wie möglich mitteilen.

Generelle Beschäftigungsverbote: Schwangere und stillende Mütter dürfen nach dem MuSchG **nicht** mit schwerer körperlicher Arbeit, Akkordarbeit, mit gesundheitsgefährdenden Arbeiten beschäftigt werden, ebenso nicht mit Nacht-, Sonn- und Feiertagsarbeit (es gibt Ausnahmen) sowie Mehrarbeit. Weiterhin gibt es das **Beschäftigungsverbot** von sechs Wochen vor und acht Wochen nach der Geburt (Ausnahme, wenn die Schwangere freiwillig vor der Geburt weiter arbeiten möchte). Die generellen Beschäftigungsverbote sind mit der Bekanntgabe der Schwangerschaft sofort wirksam und verpflichten den Arbeitgeber zur unverzüglichen Benachrichtigung der zuständigen Bezirksregierung als Aufsichtsbehörde.

Individuelle Beschäftigungsverbote: Neben diesen allgemeinen Verboten kann der Arzt auch ein individuelles Beschäftigungsverbot erteilen, z.B. wenn eine Krankheit vorliegt, die die Schwangerschaft gefährdet. Das individuelle Beschäftigungsverbot wird mit Vorlage des ärztlichen Attests beim Arbeitgeber wirksam.

Schwangere haben einen **Sonderkündigungsschutz** während der Schwangerschaft bis vier Monate nach der Geburt sowie während der Elternzeit. Dieser Sonderkündigungsschutz gilt auch für die Probezeit. Voraussetzung für den Kündigungsschutz ist, dass dem Arbeitgeber die Schwangerschaft bekannt ist. Bei befristeten Arbeitsverträgen endet nach Ablauf der Befristung der Mutterschutz und damit auch der besondere Kündigungsschutz.

Auch **stillende Mütter** haben besondere Rechte: Stillende Mütter dürfen nicht mit bestimmten Gefahrstoffen arbeiten, nicht zu Akkordarbeiten herangezogen und nicht mit bestimmten körperlich schweren oder belastenden Arbeiten beschäftigt werden. Stillpausen während der Arbeitszeit sind mindestens zweimal täglich eine halbe Stunde oder einmal pro Tag eine Stunde.

> **Lohnfortzahlung:** Frauen, die aufgrund eines mutterschutzrechtlichen Beschäftigungsverbotes teilweise oder ganz mit der Arbeit aussetzen müssen, haben Anspruch auf Weiterzahlung ihres bisherigen Durchschnittsverdienstes. Während der Mutterschutzfristen von sechs Wochen vor und acht Wochen nach der Entbindung und für den Entbindungstag sind Frauen finanziell abgesichert, in der Regel durch das Mutterschaftsgeld (13 Euro kalendertäglich erhalten nur freiwillig oder pflichtversicherte Arbeitnehmerinnen). Mutterschaftsgelder und Arbeitgeberzuschuss sind dabei steuer- und sozialabgabenfrei. Die Finanzierung aller nach dem Mutterschutzgesetz zu zahlenden Bezüge geschieht durch die Umlage U2, einem verpflichtenden Ausgleichsverfahren für alle Arbeitgeber. Auf Basis dieser Umlage werden Arbeitgebern die zu zahlenden Bezüge durch die zuständigen Krankenkassen erstattet. Die Bemessungsgrundlage hierfür sind die letzten drei Monate bzw. 13 Wochen vor Beginn des Monats, in dem die Schwangerschaft eingetreten ist.

3. Schwerbehinderte

Behindert nach dem Sozialgesetzbuch (SGB IX) ist jemand, dessen körperliche Funktion, geistige Fähigkeit oder seelische Gesundheit mit hoher Wahrscheinlichkeit länger als sechs Monate von dem für sein Lebensalter typischen Zustand abweicht und daher seine Beteiligung am Leben in der Gesellschaft beeinträchtigt (vgl. § 2 SGB IX). Schwerbehinderte sind Arbeitnehmer, die mindestens 50 % in ihrer Erwerbsfähigkeit gemindert sind; sie benötigen deshalb einen besonderen Schutz an ihrer Arbeitsstätte. Ihre Schwerbehinderung wird durch den Schwerbehindertenausweis nachgewiesen. Diesen können die Behinderten beim Versorgungsamt beantragen.

Verpflichtung zur Einstellung von Schwerbehinderten: Arbeitgeber mit jahresdurchschnittlich monatlich mindestens 20 Arbeitsplätzen müssen gem. § 71 SGB IX auf wenigstens 5 % der Arbeitsplätze schwerbehinderte Menschen beschäftigen, wobei schwerbehinderte Frauen besondere Berücksichtigung finden. Solange der Arbeitgeber die vorgeschriebene Zahl schwerbehinderter Menschen nicht beschäftigt, muss er für jeden unbesetzten Pflichtarbeitsplatz monatlich eine Ausgleichsabgabe an das zuständige Integrationsamt zahlen. Diese Pflicht haben selbst die Firmen, denen es aus betrieblichen Gründen nicht möglich ist, Schwerbehinderte einzustellen. Mit dieser Abgabe sollen anderweitig Arbeitsplätze für schwerbehinderte Menschen finanziert werden. Die Ausgleichsabgabe beträgt gem. § 77 SGB mindestens 115 Euro bis 290 Euro (2014).

Regelungen: Schwerbehinderte haben fünf zusätzliche Urlaubstage im Kalenderjahr (§ 125 SGB). Weiterhin ist eine Kündigung des Schwerbehinderten nur mit Zustimmung des Integrationsamtes der zuständigen Gemeinde (§ 85 SGB) möglich. Voraussetzung für den besonderen Kündigungsschutz ist, dass das Arbeitsverhältnis zum Zeitpunkt des Zugangs der Kündigungserklärung bereits länger als sechs Monate andauert. Die Kündigungsfrist beträgt dann mindestens vier Wochen (§ 86 SGB IX). Eine bestimmte Größe des Betriebs ist dagegen (anders als beim allgemeinen Kündigungsschutz) nicht erforderlich. Des Weiteren ist Mehrarbeit nur mit Zustimmung des Behinderten möglich.

••• 11 Arbeitsgerichtswesen

In Arbeitssachen werden nach dem **Arbeitsgerichtsgesetz** -ArbGG- Streitigkeiten stets vor den Arbeitsgerichten ausgetragen. Das Arbeitsgericht entscheidet über arbeitsrechtliche

1. **Streitigkeiten zwischen dem Arbeitgeber und dem Arbeitnehmer**
   aus dem Arbeitsverhältnis ohne Rücksicht auf den Streitwert.
   Diese Streitigkeiten werden im Urteilsverfahren geregelt.
2. **Streitigkeiten zwischen Tarifvertragsparteien**
   aus dem Tarifvertrag zwischen Arbeitgeberverband und Gewerkschaft.
   Diese Streitigkeiten werden im Urteilsverfahren geregelt.
3. **Streitigkeiten zwischen dem Arbeitgeber und Mitbestimmungsorganen**
   über echte Mitbestimmung zwischen Arbeitgeber und Betriebsrat.
   Diese Streitigkeiten werden im Beschlussverfahren geregelt.

11.1 Urteilsverfahren

Das Urteilsverfahren, in welchem das Arbeitsgericht lediglich die Fakten berücksichtigen darf, die die Parteien vortragen (Beibringungsgrundsatz), wird am Ende durch ein **Urteil** entschieden. Das Klageverfahren beginnt durch **Klageerhebung.** Die Klageerhebung erfolgt schriftlich durch Einreichung einer Klageschrift oder mündlich durch Protokollierung der Klage bei der Rechtsantragsstelle beim Arbeitsgericht. Nach Eingang der Klage wird diese dem Beklagten zusammen mit einer Ladung zum ersten Verhandlungstermin, dem sogenannten **Gütetermin**, zugestellt. Der Gütetermin soll besonders bei Kündigungsschutzklagen innerhalb von drei Wochen ab Klagezugang stattfinden.

11.2 Beschlussverfahren

In einem Beschlussverfahren gibt es keine Klageschrift, sondern lediglich einen **Antrag**. Hier gilt der Amtsermittlungsgrundsatz, d.h. der Richter muss von sich aus ermitteln. Am Ende ergeht ein Beschluss statt eines Urteils. Gegen diesen Beschluss gibt es das Rechtsmittel der Beschwerde vor dem Landesarbeitsgericht und die Rechtsbeschwerde gegen die Beschlüsse des Landesarbeitsgerichts vor dem Bundesarbeitsgericht. Das Beschlussverfahren findet statt, wenn Fragen der betrieblichen Mitbestimmung zwischen Arbeitgeber und den Mitbestimmungsorganen betroffen sind.

11.3 Instanzen der Arbeitsgerichte

1. Instanz – Arbeitsgerichte

Das Arbeitsgericht - hier gibt es Kammern - ist als Eingangsinstanz in allen arbeitsrechtlichen Streitigkeiten ohne Rücksicht auf den Streitwert zuständig. Örtlich zuständig ist im Regelfall das Gericht, in dessen Bezirk das Unternehmen liegt, § 82 ArbGG. In dieser Instanz muss zunächst eine **Güteverhandlung** stattfinden. Dieser Gütetermin wird vom Einzelrichter allein durchgeführt und soll dem Versuch dienen, den Rechtsstreit zwischen den Parteien gütlich zu beenden und einen Vergleich zu schließen. Der Vergleich ist dann gerichtskostenfrei. Güteverhandlungen enden zum größten Teil mit einem Vergleich, der direkt in der Verhandlung protokolliert wird. Der Vergleich muss verlesen und durch die Parteien genehmigt werden, was ebenfalls in das Protokoll aufzunehmen ist, da er sonst nicht wirksam ist. Finden die Parteien keine Einigung, wird ein weiterer Gerichtstermin, der sogenannte **Kammertermin**, festgesetzt. Anders als beim Gütetermin sitzt nun beim Kammertermin nicht mehr ein Einzelrichter (Berufsrichter), sondern noch zwei ehrenamtliche Richter (auch Arbeitsrichter genannt; aus den Kreisen der Arbeitnehmer und der Arbeitgeber; sie sollen mit ihrer Berufs- und Lebenserfahrung zur Rechtsfindung beitragen). Dieses Gericht fällt auch das Urteil, wenn die Streitsache entscheidungsreif ist und sich die Parteien noch immer nicht vergleichen wollen. In der ersten Instanz besteht **kein Anwaltszwang**. Die Parteien können hier den Rechtsstreit selbst führen oder sich durch einen Rechtsanwalt vertreten lassen. Zudem ist eine Vertretung von Gewerkschaften oder von Arbeitgeberverbänden zulässig.

In einigen Punkten sieht das Verfahren **abweichende Vorschriften vom Zivilprozess** nach der ZPO vor:
- es gibt kein schriftliches Vorverfahren, dafür aber einen gesonderten Gütetermin, der ausschließlich dazu dienen soll, die Parteien zu einer gütlichen Einigung zu bewegen
- die Gerichtskosten sind niedriger als bei anderen Gerichtsverfahren
- in der 1. Instanz trägt jede Partei ihre eigenen Kosten, gleichgültig, ob sie den Prozess gewinnt oder verliert. Wird der Prozess durch einen Vergleich beendet, ist er gerichtskostenfrei.

Prozesskostenhilfe: Jede Partei kann beim Arbeitsgericht einen Antrag auf Prozesskostenhilfe stellen, wenn sie nach ihren persönlichen und wirtschaftlichen Verhältnissen nicht in der Lage ist, die Kosten des Verfahrens zu tragen. Voraussetzung für die Bewilligung ist, dass die Rechtsverfolgung bzw. Rechtsverteidigung hinreichend Aussicht auf Erfolg hat, nicht mutwillig ist und der Antragsteller nach seinen persönlichen und wirtschaftlichen Verhältnissen nicht in der Lage ist, die Kosten des Verfahrens zu tragen.

2. Instanz - Landesarbeitsgerichte

Hat das Arbeitsgericht ein Urteil gefällt, so kann die durch das Urteil benachteiligte Partei beim Landesarbeitsgericht **Berufung** gegen das Urteil einlegen (vgl. § 64 ArbGG).

Voraussetzung ist,
- die Berufung muss im Urteil zugelassen werden (Fälle mit besonderer Bedeutung) oder
- es muss sich um eine Streitigkeit über das Bestehen, das Nichtbestehen oder die Kündigung eines Arbeitsverhältnisses handeln
- der Beschwerdewert (Wert des durch das Urteil erlittenen Nachteils) muss über 600 Euro liegen.

Das Berufungsverfahren kann nur durch einen Anwalt durchgeführt werden (Anwaltszwang). Die Berufungsfrist beträgt einen Monat und die Berufungsbegründungsfrist zwei Monate ab Zustellung des erstinstanzlichen Urteils. Ziel der Berufung ist die Neuverhandlung über Tat- und Rechtsfragen und Neuentscheidung. Der Gewinner des Prozesses kann die Kosten von der unterlegenen Partei erstattet verlangen. Das Gericht entscheidet in Kammern und jede Kammer ist mit einem Berufsrichter und zwei Arbeitsrichtern besetzt.

3. Instanz – Bundesarbeitsgericht Erfurt (BAG)

Gegen Urteile der Landesarbeitsgerichte kann die benachteilige Partei beim BAG in Erfurt **Revision** einlegen (vgl. § 74 ArbGG).

Die Revision ist aber nur zulässig,
- wenn das Landesarbeitsgericht die Revision in seinem Urteil zugelassen hat (wenn die Sache grundsätzliche Bedeutung hat) oder
- wenn das Gericht von einem BAG-Urteil abweichen will.

Auch vor dem BAG herrscht Anwaltszwang. Das Gericht entscheidet in Senaten und jeder Senat besteht aus drei Berufsrichtern und zwei ehrenamtlichen Richtern. Die Revisionsfrist beträgt einen Monat sowie die Revisionsbegründungsfrist zwei Monate ab Zustellung des Urteils des Landesarbeitsgerichts. Ziel der Revision ist nur die Neuverhandlung über Rechtsfragen und Neuentscheidung.

Gegen erstinstanzliche Entscheidungen des Arbeitsgerichts ist für Tarifvertragsparteien neben der Berufung auch die **Sprungrevision** möglich (vgl. § 76 ArbGG). Mit ihr wird die zweite Instanz übersprungen und es werden nur noch Rechtsfragen - keine Tatsachenfeststellung - geprüft. Voraussetzung ist, dass der Gegner einwilligt und das Revisionsgericht die Sprungrevision zulässt.

Arbeitsgerichtbarkeit:

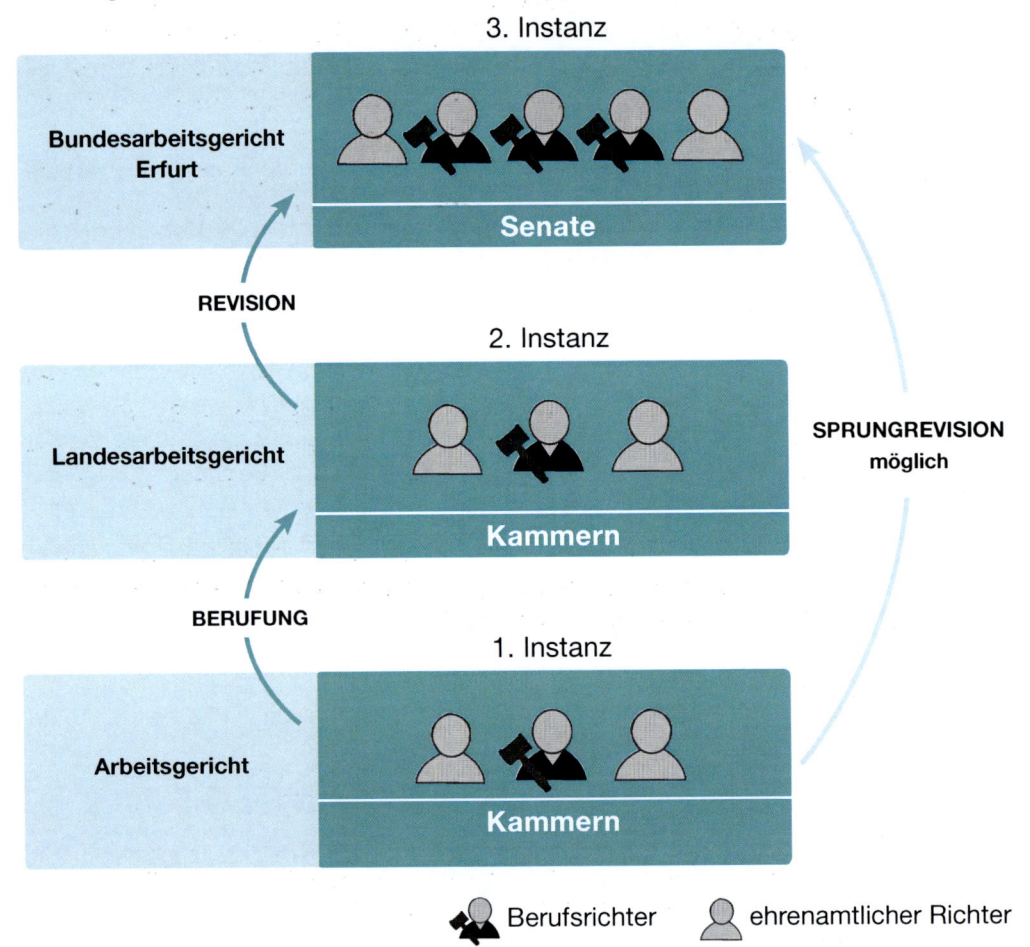

3. Instanz — **Bundesarbeitsgericht Erfurt** — Senate

REVISION

2. Instanz — **Landesarbeitsgericht** — Kammern

BERUFUNG

1. Instanz — **Arbeitsgericht** — Kammern

SPRUNGREVISION möglich

Berufsrichter   ehrenamtlicher Richter

••• 12 Tarifrecht

Das Tarifrecht gehört zum kollektiven Arbeitsrecht, das sich auf die Arbeitnehmerschaft und Arbeitgeberschaft als Gesamtheit bezieht.

Art. 9 Abs. 3 Grundgesetz (GG) garantiert den Arbeitgebern und Arbeitnehmern, sich in Interessenverbänden wie Gewerkschaften oder Arbeitgeberverbänden zusammenzuschließen, sogenannte **Koalitionsfreiheit**. Das eigentliche Recht der Vereinigungen

ist im BGB (§§ 21 ff. Vereinsrecht) geregelt, der auch Verbände mit umfasst.
Unter den Oberbegriff des Tarifrechts fallen alle gesetzlichen Regelungen des sogenannten kollektiven Arbeitsrechts, das die Rechtsbeziehungen zwischen den **Tarifvertragsparteien** (auf der Arbeitgeberseite die **Arbeitgeberverbände** oder der einzelne Arbeitgeber und auf der Arbeitnehmerseite die **Gewerkschaften**) grundlegend regelt. Die zwischen diesen Tarifpartnern vereinbarten Rahmenbedingungen nennt man **Tarifverträge** und diese gelten jeweils für eine Vielzahl von einzelnen Arbeitsverhältnissen.

12.1 Arbeitgeber-Verband

Der Arbeitgeber-Verband ist ein freiwilliger Zusammenschluss von Arbeitgebern (Unternehmer) gleicher Wirtschaftszweige bzw. Branche (z.B. Stahl-, Bekleidungs-, Textil-, Metall- und Elektroindustrie, Dienstleistung, Verkehr, Handwerk, Landwirtschaft) zum Zwecke gemeinsamer Interessenvertretung; die Vereinigung muss auf Dauer angelegt sein.
Hauptzweck: Wahrung und Förderung der Arbeits- und Wirtschaftsbedingungen (z.B. Senkung der Unternehmensbesteuerung, Erhöhung der Wochenarbeitszeit bei Bedarf, Beschränkung des Kündigungsschutzes).

> **Aufgaben:**
> - Abwehr gewerkschaftlicher Forderungen
> - Führung von Tarifverhandlungen und Abschluss von Tarifverträgen
> - Wahrnehmung der Interessen der regionalen Wirtschaft
> - Ausbildungswesen
> - Vorbereitung von Gesetzen durch Stellungnahmen und Vorschläge
> - Vertretung der Arbeitgeber vor den Arbeitsgerichten.

Dachverband:
Die **Bundesvereinigung der Deutschen Arbeitgeberverbände e.V.** (BDA) ist die Spitzenorganisation der Arbeitgeberverbände, in der sich fast alle Arbeitgeberverbände der Industrie und des Handwerks der Bundesrepublik Deutschland zusammengeschlossen haben. Der Dachverband wurde 1949 neu gegründet. Der Sitz ist in Berlin, Präsident ist seit 2013 Ingo Kramer. Die Organe der BDA sind die Mitgliederversammlung, der Vorstand, das Präsidium, die Hauptgeschäftsführung und die Ausschüsse. Unter dem Dach der BDA sind 14 Landesverbände mit jeweils überfachlichen Regionalverbänden sowie 56 Bundesfachspitzenverbände mit jeweiligen Landes- und regionalen Fachverbänden aus den verschiedenen Bereichen zusammengefasst. Auf europäischer Ebene besteht die „Business Europe".

Tariffähig sind jedoch nur die Fachverbände einer Region, nicht die Bundes- und Landesverbände bzw. der Dachverband. Die Aufgabe der BDA ist es, die wirtschaftspolitischen Interessen der Arbeitgeber gegenüber Parlament und Regierung zu vertreten. Außerdem verfolgen sie das Ziel, die Wettbewerbsfähigkeit der Betriebe ihrer Branche zu verbessern.

12.2 Arbeitnehmer-Verband (Gewerkschaft)

Die Gewerkschaften sind ebenfalls unabhängige, freiwillige Vereinigungen von abhängig Beschäftigten (Arbeitnehmern) zum Zwecke der Verteidigung und Verbesserung der Einkommens- und Lohnsituation. **Hauptzweck:** Sie vertreten die Forderungen der organisierten Arbeitnehmer gegenüber den Arbeitgebern. Sie setzen sich für höhere Löhne, bessere Arbeitsbedingungen, mehr Mitbestimmung und für Arbeitszeitverkürzungen ein. Sie leisten auch finanzielle Unterstützung in Notfällen und stellen gewerkschaftliche Bildungseinrichtungen zur Verfügung.

Aufgaben:
- Führung von Tarifverhandlungen und Abschluss von Tarifverträgen
- Vertretung der Arbeitnehmer vor den Arbeitsgerichten
- Überwachung der Rechte der Mitbestimmung
- Einflussnahme auf die Wirtschaftspolitik
- Ausbildungswesen

Dachverband:
Der Deutsche Gewerkschaftsbund (DGB) ist der größte Dachverband mit acht Mitgliedsgewerkschaften in Deutschland. Er ist ein nicht rechtsfähiger Verein mit Sitz in Berlin und wurde 1949 neu gegründet; Vorsitzender ist seit Mai 2014 Reiner Hoffmann. Der DGB arbeitet auf internationaler Ebene im Europäischen Gewerkschaftsbund (EGB) und im Internationalen Gewerkschaftsbund (IGB) mit und vertritt die deutsche Gewerkschaftsbewegung bei internationalen Institutionen wie der EU und der UNO.

Folgende Gewerkschaften gehören zum DGB:
- IG Metall (IGM)
- Vereinigte Dienstleistungsgewerkschaft (ver.di)
- IG Bergbau, Chemie, Energie (IG BCE)
- IG Bauen-Agrar-Umwelt (IG Bau)
- Gewerkschaft Nahrung-Genuss-Gaststätten (NGG)
- Eisenbahn- und Verkehrsgesellschaft (EVG)
- Gewerkschaft Erziehung und Wissenschaft (GEW)
- Gewerkschaft der Polizei (GdP)

Es gibt auch Gewerkschaften, die sich zusammengeschlossen haben, aber nicht zum DGB gehören, z.B.:
- **dbb** - Deutscher Beamtenbund im Bereich des öffentlichen Dienstes mit über 1,25 Mio Mitgliedern aus Einzelgewerkschaften und Verbänden
- **CGB** kam 1957 dazu - Christlicher Gewerkschaftsbund mit vielen kleinen Einzelgewerkschaften und Tarifgemeinschaften
- **Sonstige Gewerkschaften** bzw. Berufsgewerkschaften wie z.B. der Marburger Bund für Ärzte, die Gewerkschaft der Lokomotivführer (GDL), der Deutsche Journalistenverband (DJV) oder der Verband der Verkehrsflugzeugführer und Flugingenieure (Cockpit).

Tariffähige Gewerkschaften und Arbeitgeberverbände müssen lt. Rechtsprechung des BAG „frei gebildet sein, auf überbetrieblicher Grundlage organisiert und unabhängig sein sowie das geltende Tarifrecht als für sich verbindlich anerkennen; ferner müssen sie in der Lage sein, durch Ausüben von Druck auf den Tarifpartner zu einem Abschluss zu kommen."

12.3 Tarifvertrag

Das für einen Tarifvertrag maßgebende Gesetz ist das **Tarifvertragsgesetz** (TVG). Tarifverträge dienen dem Zweck der Regelung von Beziehungen zwischen Arbeitgebern und Arbeitnehmern und sind als Kollektivverträge dazu gedacht, Vorgaben zu den einzelnen Arbeitsverträgen zu machen. Diese Vorgaben sind für die Arbeitgeber verbindlich; für den Arbeitnehmer hingegen bieten sie eine Schutzfunktion. Sie sorgen des Weiteren dafür, dass diese an der wirtschaftlichen Entwicklung teilhaben (Verteilungsfunktion) und ermöglichen ihnen insgesamt eine Beteiligung an der autonomen Regelung der Arbeitsbedingungen (Gestaltungsfunktion). Sie garantieren ihm eine leistungsgerechte Vergütung für seine Tätigkeit und regeln Arbeitsbedingungen. Tarifverträge legen die Mindeststandards für alle wichtigen Arbeits- und Einkommensbedingungen fest. Für den Arbeitgeber übernehmen die Tarifverträge eine Kartellfunktion, indem sie einheitliche Wettbewerbsbedingungen bei den Arbeitskosten schaffen. Durch die Tarifverträge erhalten die Arbeitgeber eine gesicherte Planungsgrundlage, weil während der Laufzeit der Tarifverträge Friedenspflicht herrscht und nicht gestreikt werden darf.

Der Tarifvertrag ist ein privatrechtlicher Vertrag zwischen
1. dem **Arbeitgeber-Verband** gleicher Wirtschaftszweige (Branche) einer Region und der zuständigen **Gewerkschaft.** Das ist die typische Form des Tarifvertrages in Deutschland. Diese Tarifverträge gelten nur für den Tarifbereich, für den sie abgeschlossen wurden, also z.B. für eine bestimmte Branche in einen bestimmten Tarifbezirk. Er regelt den Inhalt, den Abschluss und die Beendigung von Arbeitsver-

hältnissen (sogenannter **Verbandstarifvertrag oder Flächentarifvertrag**) oder

2. einem einzelnen **Arbeitgeber** mit der zuständigen **Gewerkschaft**. Diesen Tarifvertrag nennt man **Firmen-, Werk- oder Haustarifvertrag** (z.B. Volkswagen AG, BMW, Lufthansa AG, Mineralölunternehmen).

Voraussetzungen: Der Tarifvertrag muss schriftlich geschlossen und im Tarifregister eingetragen werden (Abschluss, Änderung, Aufhebung von Tarifverträgen sowie Beginn und Beendigung der Allgemeinverbindlichkeitserklärung), das beim Bundesministerium für Arbeit und Soziales geführt wird.

Damit ein Tarifvertrag für einen Betrieb und die dort Beschäftigten wirksam wird, muss der Arbeitgeber Mitglied im Arbeitgeberverband und der Arbeitnehmer Mitglied einer Gewerkschaft sein, sonst hat der Beschäftigte keinen rechtlich zwingenden Anspruch auf Leistungen aus dem jeweiligen Tarifvertrag. Während der Laufzeit eines Tarifvertrages sind diese Tarifparteien an die Regelungen des Vertrages gebunden (sogenannte **Tarifbindung**). Nach Ablauf des Tarifvertrags wirkt dieser nach, bis eine neue Regelung getroffen ist. Tarifbindung ist auch gegeben, wenn der Arbeitgeber den für ihn gültigen Tarifvertrag durch einzelvertragliche Bezugnahme zum Gegenstand des Arbeitsvertrages eines nichtorganisierten Arbeitnehmers macht (sogenannte Gleichstellungsabrede).

Der Tarifvertrag besteht aus zwei Teilen:

1. dem schuldrechtlichen (obligatorischen) Teil
Er enthält die gegenseitigen Rechte und Pflichten der Vertragsparteien und bindet nur die Tarifpartner (Gewerkschaften und Arbeitgeber-Verbände) und nicht die einzelnen Arbeitnehmer oder Arbeitgeber.

Die wichtigsten Pflichten:
Friedenspflicht: Sie verbietet, dass die Tarifpartner während der Laufzeit des Tarifvertrages Kampfmaßnahmen über Regelungen des gültigen Tarifvertrages ergreifen.
Durchführungspflicht: Verlangt von den Tarifparteien, auf ihre Mitglieder einzuwirken, dass diese sich tarifvertragsmäßig verhalten.
Verhandlungspflicht: Bei Beendigung des Tarifvertrages muss es vor Kampfmaßnahmen erst zu Verhandlungen kommen.

2. dem normativen Teil (eigentlicher Tarifvertrag)
Er regelt den Inhalt der tarifgebundenen Arbeitsverhältnisse. Die Rechtsnormen gelten unmittelbar für die Mitglieder der Arbeitgeber-Verbände und der Gewerk-

schaften, also für unmittelbar organisierte Arbeitnehmer und Arbeitgeber.

Inhalt des normativen Teils:
- Normen für den Inhalt des Arbeitsverhältnisses (z.B. Vergütung, Arbeitszeit, Urlaub, Kündigungsfristen, Rechte und Pflichten der Arbeitsvertragspartner)
- Normen für den Abschluss von Arbeitsverträgen (z.B. Zustandekommen neuer Arbeitsverhältnisse)
- Normen für die Beendigung des Arbeitsverhältnisses (z.B. Ende des Arbeitsverhältnisses bei Erreichen des Rentenalters, Regelungen zur Befristung, Kündigung)
- Normen zur Regelung von betrieblichen Fragen (z.B. Arbeitsschutz, Sicherheit von Arbeitsplätzen)

Die Tarifvertragsnormen stellen Mindestbedingungen dar und können im Arbeitsvertrag nicht unterschritten werden (**Unabdingbarkeit**). Das bedeutet, dass abweichende Regelungen im Arbeitsvertrag nur dann möglich sind, wenn sie für den Arbeitnehmer günstiger sind als im Tarifvertrag (Günstigkeitsprinzip).

Geltungsbereich der Tarifverträge: Tarifverträge gelten grundsätzlich nur für Mitglieder der Tarifparteien (sogenannte **Tarifgebundenheit**). Man kann ausnahmsweise jedoch einen Tarifvertrag für die gesamte Branche für allgemein verbindlich erklären. Er kann dann auch auf Arbeitsverhältnisse angewendet werden, bei denen der Arbeitgeber nicht tarifgebunden ist bzw. der Arbeitnehmer keiner Gewerkschaft angehört. Auf Antrag einer Tarifvertragspartei kann der Bundesminister für Arbeit und Soziales im Einvernehmen mit einem Tarifausschuss (je drei Vertreter der Arbeitgeber und Arbeitnehmer) diese **Allgemeinverbindlichkeitserklärung** abgeben. Danach würden auch die nicht organisierten Arbeitnehmer in dieser Branche in diesem Tarifbezirk den Tariflohn erhalten. Voraussetzung ist, dass ein öffentliches Interesse an der Allgemeinverbindlichkeitserklärung besteht. ~~Die weitere bisherige Voraussetzung, dass mindestens 50% der Beschäftigten in dieser Branche schon Gewerkschaftsmitglieder sein müssen, wurde Mitte 2014 aufgehoben.~~

Gleichbehandlung von Arbeitnehmern: Grundsätzlich haben nicht gewerkschaftszugehörige Arbeitnehmer keinen Anspruch auf den im Tarifvertrag vereinbarten Lohn. Trotzdem zahlen die Arbeitgeber in den meisten Fällen allen Arbeitnehmern freiwillig den Tariflohn, unabhängig von ihrer Gewerkschaftszugehörigkeit. Würde er nicht gewerkschaftsgebundene Arbeitnehmer schlechter behandeln, wäre Konsequenz, dass diese Arbeitnehmer des Betriebes einer Gewerkschaft beiträten, was vom Arbeitgeber nicht beabsichtigt wird. Außerdem möchte der Arbeitgeber den Betriebsfrieden sichern und Konflikte zwischen Gewerkschaftsmitglieder und Nichtorganisierten vermeiden. Des Weiteren will der Arbeitgeber auch eine Abwanderung guter Facharbeiter zu Betrieben, die allen Arbeitnehmern den Tariflohn zahlen, vermeiden.

12.3.1 Arten von Tarifverträgen

- **Lohn-/Gehaltstarifvertrag** (kurze Laufzeit, ca. 12–15 Monate)
  Er regelt vorwiegend die Höhe von Löhnen und Gehältern (Arbeitsgeld pro Stunde oder pro Monat, gestaffelt nach Tarifgruppen, Ausbildungsvergütung).

- **Manteltarifvertrag** (längere Laufzeit, ca. drei bis fünf Jahren)
  Er regelt allgemeine Arbeitsbedingungen, z.B. Anzahl der wöchentlichen Arbeitsstunden, Teilarbeitszeit, Kündigungsbedingungen, Urlaubsregelungen. Des Weiteren regelt er Zuschläge, z.B. Zuschläge für Mehr-, Nacht- und Schichtarbeit sowie Überstunden, Essenszuschüsse, Weihnachtsgeld, Urlaubsgeld).

- **Rahmentarifvertrag** für Lohn/Gehalt (Laufzeit von vielen Jahren)
  Er regelt den groben Rahmen für die Eingruppierung in die einzelnen Tarifgruppen/ Entgeltgruppen unter Berücksichtigung von Ausbildung, Alter des Arbeitnehmers, Schwierigkeitsgrad der auszuführenden Arbeit usw.

In der jüngsten Zeit ist zu beobachten, dass einzelne Berufsgruppen innerhalb eines Betriebes teilweise eigene Tarifregelungen aushandeln wollen, um dadurch bessere Regelungen zu erreichen. Die Tarifverträge werden jedoch nach dem **Branchenprinzip** ausgehandelt und nicht nach dem Berufsprinzip. Das bedeutet, dass etwa die IG Metall für alle tariflich bezahlten Arbeitnehmer verhandelt, die in der Metall- und Elektro-Industrie beschäftigt sind, also auch für die Mitarbeiter in der Kantine, beim Werkschutz sowie die LKW-Fahrer und Pförtner, Putzfrauen, Sekretärinnen dieser Branche.

12.3.2 Tarifautonomie

Unter Tarifautonomie versteht man das Recht der Tarifparteien, Tarifverhandlungen zu führen und Tarifverträge zu schließen (innerhalb der gesetzlichen Schranken) **ohne staatliche Einflussnahme**. Tarifautonomie garantiert den Parteien die Freiheit bei der Aufnahme, dem Abschluss und der Gestaltung der Tarifverträge von staatlichen Einflüssen (vgl. Art. 9 Abs. 3 GG). Die Koalitionen können durch den Staat nicht gezwungen werden, Tarifverhandlungen aufzunehmen oder Tarifverträge mit einem bestimmten Inhalt abschließen. Sie sind völlig unabhängig (autonom).

12.4 Arbeitskampf

Die Tarifverträge kommen in Verhandlungen zwischen den Parteien zustande. Können sie sich nicht einigen, wird entweder ein Schlichter eingeschaltet oder es kommt zu Arbeitskampfmaßnahmen. Der Arbeitskampf ist das Mittel zum Abschluss eines Tarifvertrages. Auf Seiten der Gewerkschaften ist das Mittel der Streik; auf Seiten der Arbeitgeber-Verbände ist das Mittel der Aussperrung gegeben.

12.4.1 Streik

Ziel eines Streiks muss in der Regel der Abschluss eines Tarifvertrages sein. Während der Laufzeit eines Tarifvertrages besteht eine sogenannte **Friedenspflicht** und damit ein Verbot, Kampfmaßnahmen zu ergreifen.

Ein **rechtmäßiger Streik** ist eine von der Gewerkschaft planmäßig durchgeführte, vorübergehende Arbeitsniederlegung von Arbeitnehmern zur Erlangung der vertretenen Ziele. Vor einem Streik gibt es in der Regel eine 1. Urabstimmung der Gewerkschaftsmitglieder. Wenn eine Mehrheit von mindestens 75 % der Gewerkschaftsmitglieder für einen Streik stimmt, kann die Gewerkschaft zum Streik aufrufen. Die Arbeitnehmer dürfen dann die Arbeit niederlegen, ohne Mitteilung an ihren Arbeitgeber und ohne diesen um Erlaubnis zu fragen. Ein Streikrecht haben alle Arbeitnehmer, für deren Betrieb die Gewerkschaft einen Streik ausgerufen hat, egal, ob sie gewerkschaftlich organisiert sind oder nicht. Auch Auszubildende dürfen sich nach einem Urteil des BAG am Streik beteiligen. Ein Streikverbot gilt für Leiharbeitnehmer im Entleiherbetrieb. Der Verleiher kann ihn freistellen unter Fortzahlung der Bezüge oder anderweitig beschäftigen.

> Wird vom Entleiher angeordnet, dass die Arbeiten, die auf einem bestreikten Arbeitnehmerarbeitsplatz anfallen, von Leiharbeitnehmern übernommen werden, handelt es sich um eine unzulässige Streikbrechertätigkeit. Leiharbeitnehmer haben in bestreikten Betrieben der Entleiher ein Leistungsverweigerungsrecht (§ 11 Abs. 5 AÜG). Stellen sie die Arbeit in einem bestreikten Betrieb ein oder treten sie erst gar nicht an, muss ihr Arbeitgeber (Verleiher) ihnen den Lohn trotzdem weiter zahlen. Er kann lediglich den Einsatz in einem anderen, unbestreikten Betrieb anweisen. Ein grundsätzliches Streikverbot gilt auch für Beamte, Richter und Soldaten.

Grundsätzlich ruhen die Arbeitsverhältnisse während des Streiks und die Arbeitnehmer erhalten keinen Lohn; es gibt lediglich für Gewerkschaftsmitglieder eine Unterstützung aus der Gewerkschaftskasse. Die Arbeitsniederlegung, die nicht von der Gewerkschaft getragen wird (rechtswidriger bzw. „wilder Streik"), stellt eine unberechtigte Arbeitsverweigerung dar und berechtigt den Arbeitgeber zur fristlosen Kündigung.

> Versicherungsschutz während eines Streiks: Für die Dauer eines rechtmäßigen Arbeitskampfes bleibt die Mitgliedschaft in der gesetzlichen Krankenversicherung und der Versicherungsschutz in der Pflegeversicherung erhalten. Dies gilt sowohl für versicherungspflichtige und freiwillige Mitglieder. Während des Streiks oder der Aussperrung werden keine Beiträge zur Renten- und Arbeitslosenversicherung entrichtet. Die Rentenansprüche werden dadurch geringfügig vermindert. Ansprüche an die Arbeitslosenversicherung werden - außer bei extrem langen Streiks - nicht beeinträchtigt.

Streikarten:
- **Warnstreiks** sind zeitlich befristete Arbeitsniederlegungen (nur einige Stunden) während der Tarifverhandlungen; hier will die Gewerkschaft ihre Streikbereitschaft zeigen. Es handelt sich hier um eine Ausnahmeregelung, da diese rechtlich zulässigen Warnstreiks bereits vor der 1. Urabstimmung durchgeführt werden dürfen.
- **Schwerpunktstreiks** sind rechtlich zulässige Streiks einer einzelnen Gewerkschaft in wichtigen ausgewählten Betrieben eines Wirtschaftszweiges (z.B. nur die Beschäftigten der Müllabfuhr streiken). Sie erzielen große Wirkung und Streikgeld kann gespart werden.
- **Sympathie-/Solidaritätsstreiks**, die von anderen Gewerkschaften, die nicht Tarifpartner sind, durchgeführt werden, um die tarifführende Gewerkschaft zu unterstützen, sind nicht zulässig.

12.4.2 Aussperrung

Das Mittel des Arbeitgebers, dem rechtmäßigen Streik zu begegnen, ist die Aussperrung. Dieses Vorgehen ist immer dann zulässig, wenn sie zur Abwehr eines rechtmäßigen Streiks dient (Abwehraussperrung) und soll die Kosten des Streiks für die Gewerkschaften erhöhen, da diese mehr Streikgelder bezahlen müssen. Angriffsaussperrungen sind in Deutschland verboten. Hier tragen die Arbeitnehmer das Arbeitskampfrisiko und können keine Lohnzahlung verlangen. Diese Aussperrung wird auch **heiße Aussperrung** genannt und sie bedeutet den vorübergehenden Ausschluss mehrerer Arbeitnehmer von Beschäftigung und Lohnzahlung, also eine Einstellung der Arbeit. Die ausgesperrten Arbeitnehmer erhalten Unterstützung von der Gewerkschaft. Mit einer **kalten Aussperrung** wird eine Aussperrung bezeichnet, in der der Betrieb selbst nicht produziert, aber abhängig von einem anderen Betrieb ist, der sich in einem Zustand einer heißen Aussperrung befindet. Dies wäre beispielsweise der Fall, wenn ein Automobilhersteller seine Produktion nach einem Streik bei einem Zulieferer einstellt und anschließend aussperrt. Kalte Aussperrungen werden damit begründet, dass eine Weiterproduktion aufgrund der fehlenden Zulieferteile nicht möglich ist. Die Beschäftigten, die von der kalten Aussperrung betroffen sind, erhalten keine finanzielle Unterstützung von der Gewerkschaft.

Grundsätze zum Recht der Aussperrung hat der Arbeitgeber zu beachten:
- ein generelles Aussperrungsverbot ist unzulässig
- der zulässige Umfang der Aussperrung richtet sich nach dem Grundsatz der Verhältnismäßigkeit (Übermaßverbot)
- eine Aussperrung, die gezielt nur die Mitglieder der Gewerkschaft erfasst, nicht organisierte Arbeitnehmer jedoch verschont, ist unzulässig.

Nach Ansicht der Gewerkschaft soll die Aussperrung verboten werden, da sonst die Kampfparität nicht gewährleistet ist, da die Arbeitgeber sowieso in der wirtschaftlich stärkeren Position sind.

12.4.3 Schlichtung

Die Schlichtung ist ein Verfahren zur Verhinderung bzw. Beilegung von Streitigkeiten zwischen den Tarifvertragsparteien. Ein Schlichter ist eine neutrale Person, die bei beiden Tarifparteien ein hohes Ansehen genießen sollte. Er versucht, zwischen den Parteien zu vermitteln und eine Einigung herbeizuführen. Dieser Schiedsspruch kann, muss aber nicht, von den Tarifparteien akzeptiert werden. Es gibt die vereinbarte Schlichtung, wenn sie in Tarifverträgen (schuldrechtlicher Teil) vereinbart wird; die staatliche Schlichtung tritt in Deutschland zurück wegen der Tarifautonomie.

12.4.4 Grundsätze rechtmäßiger Arbeitskampfmaßnahmen

- Ein Arbeitskampf darf nur von Tarifvertragsparteien geführt werden; das Ziel des Arbeitskampfes muss ein tariflich regelbares Ziel sein
- Der Arbeitskampf darf nicht gegen die Friedenspflicht verstoßen, d.h. während der Laufzeit eines Tarifvertrages dürfen die Parteien keine Arbeitskampfmaßnahmen (Streik bzw. Aussperrung) zur Durchsetzung neuer Forderungen durchführen; anderenfalls sind sie zu Schadensersatz verpflichtet
- Zwischen den Tarifparteien soll ein hinreichendes Verhandlungs- und Kampfgleichgewicht bestehen (Kampfparität)
- Im Arbeitskampf muss die Verhältnismäßigkeit der Mittel gewahrt bleiben
- Vor dem Arbeitskampf müssen alle Verhandlungsmöglichkeiten ausgeschöpft sein (Ultima-Ratio-Prinzip). Ist ein Schlichtungsverfahren vorgesehen, muss dieses vorher durchgeführt werden.

12.4.5 Einigung der Tarifparteien

Wenn sich die Tarifparteien nach den Kampfmaßnahmen (oder nach einer Schlichtung) bei den Verhandlungen einigen, muss seitens der Gewerkschaft eine 2. Urabstimmung durchgeführt werden. Nunmehr müssen 25 % der Gewerkschaftsmitglieder für den neuen Tarifvertrag stimmen. Danach herrscht während der Laufzeit des neuen Tarifvertrages wieder Friedenspflicht zwischen den Tarifparteien.

12.4.6 Ablauf des Arbeitskampfes

Arbeitgeber-Verbände

unterbreiten Angebot

Gewerkschaften

stellen Forderungen

- Kündigung/Fristablauf des Tarifvertrages
- Tarifverhandlungen → Scheitern der Verhandlungen
- Schlichtungsverfahren → Scheitern der Schlichtung / Erlöschen der Friedenspflicht
- 1. Urabstimmung → 75% der Gewerkschaftsmitglieder müssen für Streik stimmen
- Streik der AN
- Aussperrung durch AG
- neue Verhandlungen
- Einigung der Tarifparteien
- 2. Urabstimmung → 25% der Gewerkschaftsmitglieder müssen Einigung zustimmen
- neuer Tarifvertrag → Friedenspflicht für die Dauer des Tarifvertrages

bei Einigung

12.4.7 Neutralität der Bundesagentur für Arbeit

Nach § 160 SGB III. Buch darf durch die Gewährung von Arbeitslosengeld nicht in Arbeitskämpfe eingegriffen werden. Das verbietet die Tarifautonomie. Ein Arbeitnehmer, der sich unmittelbar an einem Streik beteiligt, hat bis zur Beendigung des Streiks keinen Anspruch auf Arbeitslosengeld. Dies gilt auch für ausgesperrte Arbeitnehmer. Die Bundesagentur für Arbeit darf in diesen Fällen kein Arbeitslosengeld zahlen, da sie zur Neutralität verpflichtet ist. Dadurch soll verhindert werden, dass die Kampfparität durch Gewährung von Lohnersatzleistungen verändert wird. Der Eingriff der Bundesagentur für Arbeit ist auch deshalb zu begrenzen, weil die Mittel zum Teil aus Steuern und Arbeitgeberabgaben bestehen. Das Geld der Arbeitgeber kann nicht im Arbeitskampf gegen diese eingesetzt werden. In Härtefällen kann der Verwaltungsrat der Bundesagentur für Arbeit bestimmten Gruppen von Arbeitnehmern Arbeitslosengeld gewähren (§ 160 Abs. 4 SGB III. Buch).

••• 13 Betriebliche Mitbestimmung

Sinn der betrieblichen Mitbestimmung ist es, dass die Arbeitnehmer bei Entscheidungen, die sie und ihren Arbeitsplatz betreffen, mitbestimmen können (Grundsatz des sozialen Rechtsstaats, Art. 20 GG). Unter Betrieb versteht man die räumliche und organisatorische Zusammenfassung von Arbeitsmitteln, die sogenannte Produktionsstätte oder Ort der Dienstleistung. Das Unternehmen ist dagegen jene organisatorische Einheit, mit der wirtschaftliche oder ideelle Ziele verfolgt werden (in einem Unternehmen können ein oder mehrere Betriebsstätten bestehen).

Rechtsquellen:
Das Recht auf Mitbestimmung ist in Deutschland durch das Betriebsverfassungsgesetz - BetrVG - geregelt, indem man den Mitbestimmungsorgangen Betriebsrat und Jugend- und Auszubildendenvertretung (JAV) auf der Ebene des Betriebes Beteiligungsrechte einräumt. Daneben gibt es auf der Ebene des Unternehmens das Mitbestimmungsgesetz 1976 (betrifft Kapitalgesellschaften und Genossenschaften, die mehr als 2000 Arbeitnehmern beschäftigen) und das MontanMitbestimmungsgesetz (gilt für Kapitalgesellschaften und Genossenschaften mit mehr als 1000 Arbeitnehmern, die im Bereich des Kohlebergbaus oder Eisen und Stahl arbeiten) sowie das Drittelbeteiligungsgesetz (gilt für Kapitalgesellschaften und Genossenschaften mit mehr als 500 Arbeitnehmern).

Überblick über die Ebenen der Mitbestimmung:

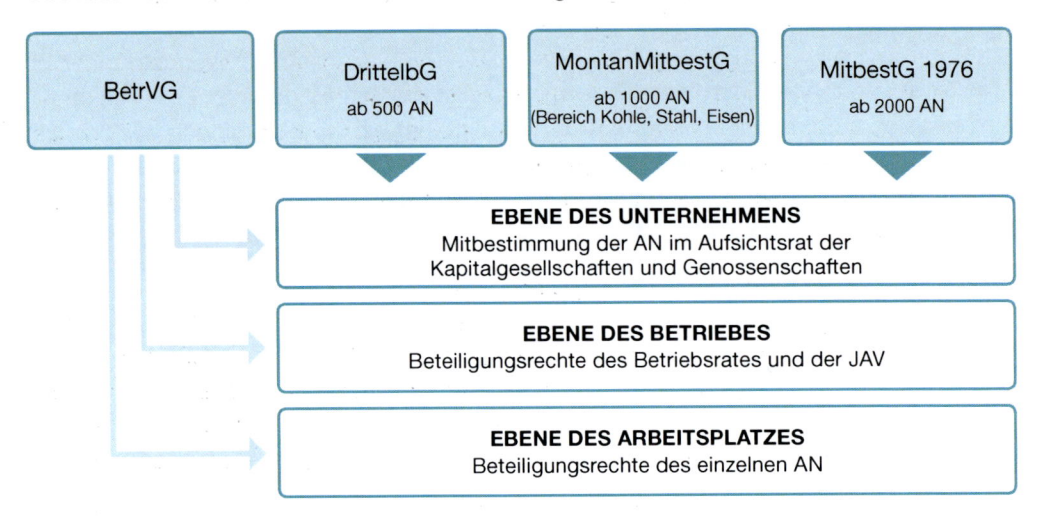

```
┌─────────┐   ┌─────────┐   ┌──────────────────┐   ┌──────────────┐
│         │   │ DrittelbG│   │ MontanMitbestG   │   │ MitbestG 1976│
│ BetrVG  │   │ ab 500 AN│   │    ab 1000 AN    │   │  ab 2000 AN  │
│         │   │          │   │(Bereich Kohle,   │   │              │
│         │   │          │   │ Stahl, Eisen)    │   │              │
└─────────┘   └────┬─────┘   └────────┬─────────┘   └──────┬───────┘
                   ▼                  ▼                    ▼
         ┌──────────────────────────────────────────────────────┐
         │              EBENE DES UNTERNEHMENS                  │
         │   Mitbestimmung der AN im Aufsichtsrat der           │
         │   Kapitalgesellschaften und Genossenschaften         │
         └──────────────────────────────────────────────────────┘

         ┌──────────────────────────────────────────────────────┐
         │                EBENE DES BETRIEBES                   │
         │ Beteiligungsrechte des Betriebsrates und der JAV     │
         └──────────────────────────────────────────────────────┘

         ┌──────────────────────────────────────────────────────┐
         │              EBENE DES ARBEITSPLATZES                │
         │      Beteiligungsrechte des einzelnen AN             │
         └──────────────────────────────────────────────────────┘
```

13.1 Die Ebene des Betriebes

Auf Betriebsebene regelt das BetrVG die Mitbestimmung der Arbeitnehmer im Betrieb. Der Betriebsrat und die Jugend- und Auszubildendenvertretung vertreten auf dieser Betriebsebene die Interessen der Arbeitnehmer.

13.1.1 Betriebsrat

Der Betriebsrat ist die gewählte Vertretung der Arbeitnehmer eines Betriebes. Er hat die Interessen der Arbeitnehmer zu vertreten, aber auch die Interessen des Betriebes zu berücksichtigen. Die Gründung eines Betriebsrats steht den Arbeitnehmern grundsätzlich frei. Der Arbeitgeber darf sie dabei nicht behindern, in der Vergangenheit kam es jedoch relativ häufig vor, dass Arbeitgeber versuchten, die Einrichtung eines Betriebsrats zu verhindern. Sollte der Arbeitgeber versuchen, die Betriebsratswahl zu be- oder verhindern, macht er sich ggfs. sogar strafbar.

Die allgemeinen Aufgaben des Betriebsrates (§ 80 BetrVG):
- Überwachung der Einhaltung von Rechtsnormen und arbeitsrechtlicher Grundsätze
- Beantragung von Maßnahmen, die dem Betrieb und der Belegschaft dienen
- Entgegennahme von Anregungen der Arbeitnehmer und Jugendvertretung

- Durchsetzung der tatsächlichen Gleichstellung von Männern und Frauen
- Eingliederung schutzbedürftiger Personen
- Zusammenarbeit mit der Jugend- und Auszubildendenvertretung (JAV)
- Förderung der Beschäftigung älterer Arbeitnehmer
- Integration ausländischer Arbeitnehmer und Maßnahmen zur Bekämpfung von Fremdenfeindlichkeit und Rassismus
- Förderung der Maßnahmen des Arbeitsschutzes und des betrieblichen Umweltschutzes

Voraussetzungen für die Einrichtung eines BR:
Ein Betriebsrat kann nur in einem Betrieb eingerichtet werden mit mindestens fünf ständigen wahlberechtigten Arbeitnehmern ab 18 Jahren (von denen drei wählbar sind). Um einen Betriebsrat einzurichten, müssen die Arbeitnehmer eines Betriebes eine Betriebsratswahl vornehmen. Dazu benötigen sie einen sogenannten Wahlvorstand. Der besteht aus drei Wahlberechtigten, von denen einer durch Abstimmung den Vorsitz übernimmt.

> Die Zahl der Wahlvorstandsmitglieder kann je nach Bedarf erhöht werden, muss aber immer ungerade sein, um bei Abstimmungen klare Mehrheitsverhältnisse finden zu können. Ist bereits ein Betriebsrat vorhanden, so wird von diesem auch der Wahlverstand gewählt, damit dieser als unabhängiges und neutrales Gremium über den geordneten Ablauf der Betriebsratswahlen wachen kann. Wenn es noch keinen Betriebsrat gibt, wird der Wahlvorstand von der Betriebsversammlung gewählt. Dazu laden ebenfalls mindestens drei wahlberechtigte Arbeitnehmer oder eine im Betrieb vertretene Gewerkschaft ein (§ 17 BetrVG), die auch Vorschläge für die Besetzung des Wahlvorstands unterbreiten können. Wenn sich eine Betriebsversammlung nicht auf einen Wahlvorstand einigen kann oder es aus anderen Gründen zu Komplikationen kommt, kann in seltenen Fällen auch ein Arbeitsgericht oder der Gesamtbetriebsrat den Wahlvorstand bestellen. Nötig ist dazu der Antrag von drei Beschäftigten oder einer Gewerkschaft vgl. § 16 BetrVG).

Die Größe des Betriebsrats richtet sich nach der Zahl der wahlberechtigten Arbeitnehmer, vgl. § 9 BetrVG:

- 5 bis 20   wahlberechtigten Arbeitnehmern aus einer Person (Obmann),
- 21 bis 50   Arbeitnehmern – 3 Mitgliedern,
- 51 bis 100   Arbeitnehmern – 5 Mitgliedern,
- 101 bis 200   Arbeitnehmern – 7 Mitgliedern,
- 201 bis 400   Arbeitnehmern – 9 Mitgliedern
- 401 bis 700   Arbeitnehmern – 11 Mitgliedern,
- 701 bis 1000 Arbeitnehmern – 13 Mitgliedern, fortlaufend bis
- 7001 bis 9000 Arbeitnehmern – 35 Mitgliedern.

Bei der Berechnung der notwendigen Belegschaftsgröße werden seit einer Entscheidung des BAG 2013 auch Leiharbeitnehmer, die zur Belegschaft des Entleiherbetriebes gehören, mitberücksichtigt.

In größeren Unternehmen mit mehreren Betrieben gibt es einen **Gesamtbetriebsrat**. Jeder Betriebsrat entsendet einen bzw. zwei Vertreter in den Gesamtbetriebsrat. In Konzernen (Zusammenschluss rechtlich selbständiger Unternehmen unter einheitlicher Leitung) kann ein **Konzernbetriebsrat** errichtet werden. Jeder Gesamtbetriebsrat entsendet einen bzw. zwei Vertreter. Bei mehreren Betrieben innerhalb der EU kann auch ein **europäischer Betriebsrat** gebildet werden.

Aktives Wahlrecht
Wahlberechtigt sind:
- alle Arbeitnehmer ab 18 Jahren sowie
- Leiharbeitnehmer, wenn sie länger als drei Monate im Entleiherbetrieb eingesetzt werden.

Achtung: Leitende Angestellte und andere arbeitgebernahe Personen (Familienangehörige, Mitgesellschafter) gelten nach dem BetrVG nicht als Arbeitnehmer. Leitende Angestellte sind diejenigen, die Arbeitgeberfunktionen wahrnehmen und befugt sind, über Einstellungen und Kündigungen zu entscheiden.

Passives Wahlrecht
Wählbar sind:
- alle Arbeitnehmer ab 18 Jahren mit einer Betriebszugehörigkeit von mindestens sechs Monaten.

Die **Amtszeit** beträgt vier Jahre. Die Betriebsratswahlen finden in der Zeit vom 1. März bis 31. Mai statt. Die aufgestellten Kandidaten werden in freier, geheimer und unmittelbarer Wahl gewählt.

Die Rechte des Betriebsratsmitglieds:
Betriebsratsmitglieder müssen für ihre Tätigkeit von der Arbeit freigestellt werden. Sie dürfen wegen ihrer Tätigkeit im Betriebsrat nicht benachteiligt oder begünstigt werden. Die Betriebsratsmitglieder genießen einen besonderen Kündigungsschutz: Während ihrer Amtszeit bis ein Jahr nach Ausscheiden aus dem Betriebsrat ist eine ordentliche Kündigung nicht zulässig, eine fristlose Kündigung hingegen schon, bedarf aber der Zustimmung des Betriebsrates. Für Aufwendungen, die der Betriebsrat hat, kann er die Kosten vom Arbeitgeber erstattet verlangen.

Betriebsversammlung
Unter einer Betriebsversammlung versteht man nach dem BetrVG eine Versammlung von Arbeitnehmern und Betriebsrat zum Zwecke der Information der Arbeitnehmer über die den Betrieb betreffenden Angelegenheiten; der Arbeitgeber ist dazu zu laden.

Sie muss in jedem Kalendervierteljahr vom Betriebsrat einberufen werden (§ 43 BetrVG). Den Vorsitz führt der Betriebsratsvorsitzende und die Versammlungen finden während der Arbeitszeit statt.

Betriebsausschuss

Jeder Betriebsrat muss bei neun oder mehr Mitgliedern einen Betriebsausschuss, der die Geschäftsleitung des Betriebsrates darstellt, in geheimer Abstimmung wählen, vgl. § 27 BetrVG. Er führt die laufenden Geschäfte des Betriebsrates. Sinn und Zweck des Betriebsausschusses ist, Entscheidungsprozesse zu verkürzen und den Betriebsrat handlungsfähiger zu machen.

Betriebsvereinbarung

Die Betriebsvereinbarung ist ein Vertrag zwischen Arbeitgeber und Betriebsrat über echte betriebliche Mitbestimmung und gilt nur für den jeweiligen Betrieb. Sie ist schriftlich mit Unterschrift beider Seiten abzufassen. Ansprüche daraus begründen verbindliche Normen für alle Arbeitnehmer eines Betriebes (Ausnahme: Leitende Angestellte); der Vertrag endet mit Fristablauf oder Kündigung einer Vertragspartei.

Betriebsvereinbarungen regeln üblicherweise:
- die notwendige Ordnung im Betrieb: z.B. Lage der Arbeitszeit, Pausen
- das Verhalten der Arbeitnehmer: Rauch-/Alkoholverbot, Tragen v. Schutzkleidung, Behandlung von Maschinen, Werkzeugen usw., Benutzen sozialer Einrichtungen
- die Aufgaben des Betriebsrates wie Sprechzeiten während der Arbeitszeit, Errichtung und Verwaltung sozialer Einrichtungen

Die Einigungsstelle wird zur Beilegung von Meinungsverschiedenheiten hinsichtlich der Mitbestimmungsrechte zwischen Arbeitgeber und Betriebsrat gebildet. In ihr sind Arbeitgeber und Betriebsrat zu gleichen Teilen vertreten sowie ein unparteiischer Vorsitzender. Ihre Entscheidung erfolgt mit Stimmenmehrheit. Ist eine der Parteien mit der Entscheidung der Einigungsstelle nicht zufrieden, so kann sie diese Entscheidung vor dem Arbeitsgericht überprüfen lassen.

In Betrieben mit mehr als 100 Arbeitnehmern kann ein **Wirtschaftsausschuss** gegründet werden. Mindestens drei, höchstens sieben Betriebsratsmitglieder, die vom Betriebsrat bestimmt werden, nehmen neben dem Arbeitgeber oder seinem Stellvertreter daran teil. Es ist ein Beratungs- und Informationsgremium. Der Arbeitgeber hat den Wirtschaftsausschuss über wirtschaftliche Angelegenheiten des Unternehmens zu informieren und diese mit dem Wirtschaftsausschuss zu erörtern. Dieser informiert dann wiederum den Betriebsrat.

Verschiedene Grundsätze des Betriebsrates:

Vertrauensvolle Zusammenarbeit mit dem Arbeitgeber: Der Betriebsrat versteht sich als ein Vermittlungsorgan zwischen den Interessen der Arbeitnehmer und des Arbeitgebers. Deshalb hat der Betriebsrat immer auch die Interessen des Arbeitgebers zu berücksichtigen.

Friedenspflicht: Zwischen Arbeitgeber und Betriebsrat besteht eine Friedenspflicht, die dem Betriebsrat verbietet, im Betrieb aktive Agitation für wirtschaftliche, tarifliche und sozialpolitische Ziele zu betreiben. Es besteht ein Verbot von Arbeitskampfmaßnahmen.

Geheimhaltungspflicht: Das Betriebsratsmitglied kommt bei seiner Arbeit mit sensiblen persönlichen und wirtschaftlichen Daten von Arbeitnehmern und Betrieb in Berührung. Er ist verpflichtet, diese Daten geheim zu halten. Es ist nachvollziehbar, dass die Verbreitung von Kündigungsabsichten des Arbeitgebers im Betrieb ungeahnte und unangenehme Folgen haben kann.

Die **Mitwirkungsrechte des Betriebsrats:**
Diese Rechte sind nach der Intensität der möglichen Einflussnahme wie folgt abgestuft:

Informationsrecht (schwächstes Recht): Der Betriebsrat muss über Entscheidungen von betrieblichen Vorgängen unterrichtet werden, z.B. Lohn- und Gehaltslisten, Einstellung leitender Angestellter, Maßnahmen des Arbeitsschutzes, Planungen von Neu-/Umbauten.

Anhörungsrecht: Zur Anhörung und Erörterung gehören z.B. Personalplanung, insbesondere bei Kündigungen, ansonsten sind diese unwirksam, Gestaltung von Arbeitsplätzen, Investitionen.

Widerspruchsrecht/ Zustimmungsrecht: Bei personellen Einzelmaßnahmen, wie Einstellung, Versetzung, Ein- oder Umgruppierung, ist der Betriebsrat ab einer Unternehmensgröße von 20 Mitarbeitern nach § 99 Abs. 1 BetrVG zunächst um Zustimmung zu ersuchen. Hierzu steht ihm ein umfassendes Informationsrecht zu. So muss der Arbeitgeber vor einer Einstellung grundsätzlich alle Bewerbungsunterlagen (auch der nicht berücksichtigten Bewerber!) vorlegen. Bei Kündigungen hat der Betriebsrat ebenfalls ein Widerspruchsrecht.

Mitbestimmungsrecht (echte Mitbestimmung – das stärkste Recht): Dazu gehören Rechte, bei denen der Arbeitgeber ohne Zustimmung des Betriebsrates nicht handeln darf. Maßnahmen des Arbeitgebers, denen der Betriebsrat nicht zugestimmt hat, sind unwirksam, z.B.:

- Lage der Arbeitszeiten
- Ordnungsvorschriften im Betrieb
- vorübergehende Kurzarbeit und Überstunden
- Modalitäten der Lohnzahlung (nicht die Höhe!)
- allgemeine Grundsätze der Urlaubsplanung
- betriebliche Berufsbildung
- Einführung von Überwachungseinrichtungen
- Arbeitsschutzmaßnahmen
- Sozialplan bei wirtschaftlicher Umstrukturierung, § 112 BetrVG,
- Richtlinien über die Auswahl bei Einstellungen, Versetzungen, Umgruppierungen und Kündigungen (§ 99 BetrVG)
- Personalfragebögen usw. (§ 94 BetrVG).

Weiterhin hat der Betriebsrat das Recht, auf Wunsch des Arbeitnehmers Einsicht in die Personalakte des Arbeitnehmers zu nehmen.

Um wirtschaftliche Nachteile der Arbeitnehmer bei Betriebsschließungen oder Teilschließungen zu mildern, hat der Betriebsrat die Möglichkeit, mit dem Unternehmer einen **Sozialplan** zu vereinbaren: Ansprüche gegen den Arbeitgeber bei betriebsbedingten Kündigungen über Abfindungen, Überbrückungsgelder, Regelungen über Kurzarbeit. Kommt keine Einigung zustande, entscheidet die Einigungsstelle. Es besteht echte Mitbestimmung.

13.1.2 Jugend- und Auszubildendenvertretung (JAV)

Die JAV ist die Vertretung der Jugendlichen unter 18 Jahren und der zur Berufsausbildung Beschäftigten (Auszubildende, Praktikanten im freiwilligen Praktikum, Werkstudenten) unter 25 Jahren in einem Betrieb. Das für sie zuständige Gesetz ist das **BetrVG**. Die JAV ist zuständig für Fragen der Berufsbildung und Überwachung der Einhaltung der Schutzbestimmungen für Jugendliche. Die Wahl und die Rechte der JAV sind in den §§ 60 ff. BetrVG geregelt. Grundsätzlich ist eine JAV an die Existenz eines Betriebsrats gebunden. In Ausnahmen kann eine JAV aber auch gewählt werden bzw. handeln, wenn es vorübergehend keinen Betriebsrat gibt. Jugendliche und Auszubildende dürfen während ihrer Arbeits- und Ausbildungszeit mit Problemen und Anregungen zu ihrer JAV gehen.

Wahl: Eine JAV ist nur in Betrieben zu wählen, in denen mindestens fünf wahlberechtigte Arbeitnehmer beschäftigt sind:
- 5 bis 20   jugendliche AN/Azubis – 1 Jugendvertreter
- 21 bis 50   jugendliche AN/Azubis – 3 Jugendvertreter
- 51 bis 150   jugendliche AN/Azubis – 5 Jugendvertreter
- 51 bis 300   jugendliche AN/Azubis – 7 Jugendvertreter
- 301 bis 500 jugendliche AN/Azubis – 9 Jugendvertreter
  fortlaufend bis
- über 1000   jugendliche AN/Azubis – 15 Jugendvertreter

Aktives Wahlrecht
Wahlberechtigt sind:
- Jugendliche, die das 18. Lebensjahr nicht vollendet haben und
- Auszubildende, die das 25. Lebensjahr nicht vollendet haben.

Passives Wahlrecht
Wählbar sind:
- alle Arbeitnehmer eines Betriebes, die das 25. Lebensjahr noch nicht vollendet haben.

Die **Amtszeit** beträgt zwei Jahre. Die Wahl zur JAV findet in dem Zeitraum vom 01. Oktober bis 30. November statt. Die Mitglieder werden in freier, geheimer und unmittelbarer Wahl bestimmt. Mitglieder, welche im Laufe der Amtszeit das 25. Lebensjahr überschreiten, bleiben gem. § 64 Abs. 3 BetrVG dennoch Mitglied der JAV bis zum Ende der Amtszeit.

Beteiligungs- und Mitbestimmungsrechte der JAV:
- Die JAV kann mit Zustimmung des Betriebsrates eigene Sitzungen einberufen, an denen ein Betriebsratsmitglied teilnehmen darf
- Generell kann ein JAV-Mitglied an den Sitzungen des Betriebsrates teilnehmen
- Die JAV ist bei sie betreffenden Angelegenheiten auch berechtigt, an den Besprechungen zwischen Arbeitgeber und Betriebsrat teilzunehmen
- Die JAV kann beim Betriebsrat Maßnahmen beantragen, die die Jugendlichen und Auszubildenen betreffen
- Weiterleitung von Fragen der Berufsbildung an den Betriebsrat

Die JAV arbeitet eng mit dem Betriebsrat zusammen. Sind in einem Betrieb mehr als 50 wahlberechtigte Auszubildende und Jugendliche, kann die JAV Sprechzeiten während der Arbeitszeit einrichten, bei der auch ein Betriebsratsmitglied beratend teilnehmen kann. Bei Betriebsversammlungen darf die JAV vorher oder im Anschluss daran eine eigene JAV-Versammlung einberufen, wenn der Betriebsrat damit einverstanden ist.

13.2 Unternehmensmitbestimmung

Generell dürfen Arbeitnehmer lediglich auf der Ebene des Arbeitsplatzes und des Betriebes - durch den Betriebsrat - mitentscheiden. Hinsichtlich der wirtschaftlichen und finanziellen Entscheidungen - also auf der Ebene der Unternehmung - gibt es diese Mitentscheidung der Arbeitnehmer bzw. des Betriebsrates grundsätzlich nicht. Eine Ausnahme bilden Kapitalgesellschaften (Aktiengesellschaften, GmbH, KGaA) und Genossenschaften mit mehr als 500 Arbeitnehmern; hier können Arbeitnehmer in den Aufsichtsrat gewählt werden, so dass hier eine Mitbestimmung der Arbeitnehmer gegeben ist.

13.2.1 Mitbestimmung nach dem Drittelbeteiligungsgesetz

Nach dem DrittelbG muss der Aufsichtsrat einer Kapitalgesellschaft sowie einer Genossenschaft mit mehr als 500 Arbeitnehmern zu einem Drittel aus Vertretern der Arbeitnehmerschaft bestehen.

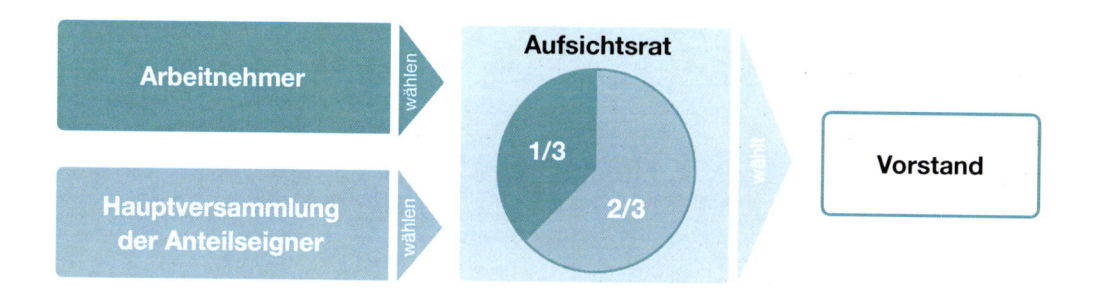

Die Hauptversammlung wählt 2/3 der Mitglieder (Vertreter der Kapitaleigner) in den Aufsichtsrat. Die Arbeitnehmer wählen 1/3 der Mitglieder aus ihren Reihen (Wahlvorschläge durch den Betriebsrat) in den Aufsichtsrat.

Von dieser Pflicht sind befreit:
- Aktiengesellschaft und KGaA, die Familiengesellschaften sind und weniger als 500 Arbeitnehmer beschäftigen
- sogenannte Tendenzbetriebe (Unternehmen, die überwiegend politischen, konfessionellen, karitativen, erzieherischen, wissenschaftlichen oder künstlerischen Zwecken dienen).

13.2.2 Mitbestimmung nach dem Mitbestimmungsgesetz von 1976

Das MitbestG gilt für Kapitalgesellschaften und Genossenschaften, die mehr als 2000 Arbeitnehmer beschäftigen und nicht der Montan-Mitbestimmung unterliegen.

Das Gesetz legt fest, dass
- der Aufsichtsrat paritätisch mit Vertretern der Kapitaleigner und der Arbeitnehmer besetzt ist
- Personal- und Sozialfragen durch einen Arbeitsdirektor (als Mitglied des Vorstands) besonders betreut werden
- bei Stimmengleichheit im Aufsichtsrat die Stimme des Vorsitzenden den Ausschlag gibt. Der Aufsichtsratsvorsitzende ist in der Regel ein Vertreter der Aktionäre (Kapitaleigner).

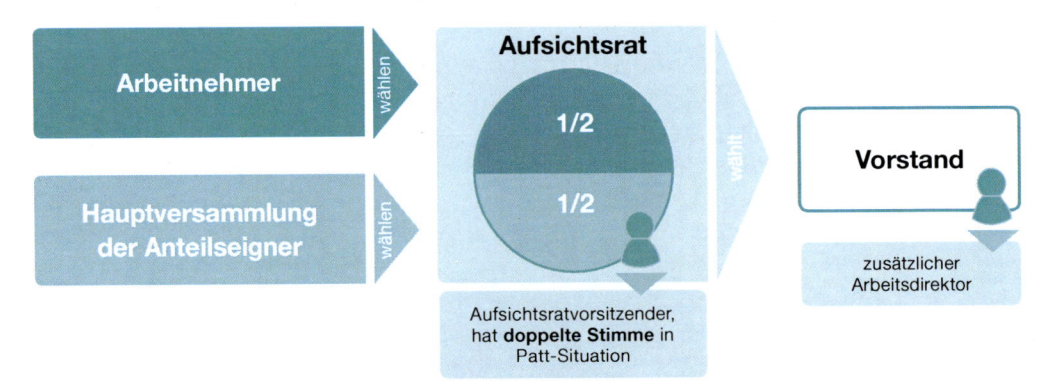

Der Aufsichtsrat setzt sich wie folgt zusammen:
- bei 2000 bis 10 000 Arbeitnehmern aus sechs Kapitaleigner-Vertreter und sechs Arbeitnehmer-Vertreter (davon zwei Gewerkschaftsvertreter)
- bei 10 000 bis 20 000 Arbeitnehmern aus 8 : 8
- bei über 20 000 Arbeitnehmern aus 10 : 10 (davon drei Gewerkschaftsvertreter)

Trotzdem ist die Mitbestimmung eine ungleichgewichtige Mitbestimmung, denn aufgrund der Vorschriften gehört der Aufsichtsratsvorsitzende immer der Gruppe der Kapitaleigner an.

13.2.3 Mitbestimmung nach dem Montanmitbestimmungsgesetz

Das MontanMitbestG gilt für Unternehmen der Montanindustrie,
- die überwiegend im Bereich des Kohlebergbaus oder eisen- und stahlerzeugenden Industrie tätig sind und die

- in der Form einer Kapitalgesellschaft betrieben werden
- wenn sie in der Regel mehr als 1000 Arbeitnehmer beschäftigen.

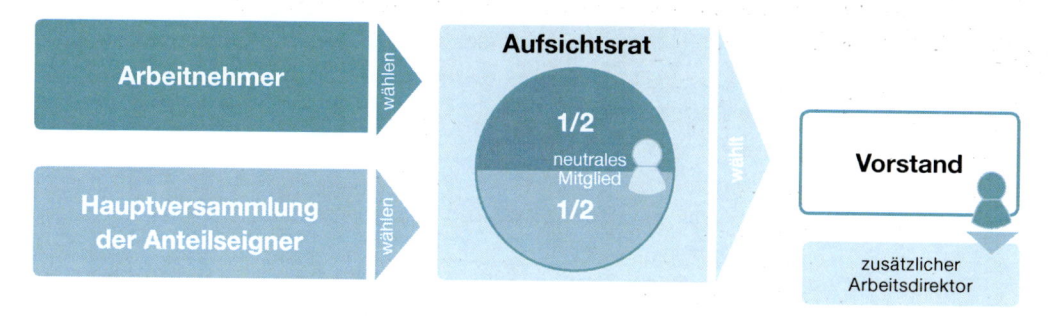

Der Aufsichtsrat besteht hier aus elf Mitgliedern. Bei größeren Kapitalgesellschaften kann auf 15 oder mehr erhöht werden. Von den elf Mitgliedern werden fünf von den Arbeitnehmern und fünf von den Kapitaleignern benannt. Diese zehn Mitglieder des Aufsichtsrats bestimmen das neutrale elfte Mitglied. Im Gegensatz zum Mitbestimmungsgesetz von 1976 haben die Arbeitnehmer hier tatsächlich paritätische Mitbestimmung im Aufsichtsrat. Außerdem haben die Arbeitnehmer die Möglichkeit, einen Arbeitsdirektor in den Vorstand zu wählen.

••● 14 Sozialrecht

Art. 20 des GG besagt, dass die Bundesrepublik Deutschland ein demokratischer und sozialer Bundesstaat ist.

Unter Sozialrecht versteht man **soziale Sicherheit** und **soziale Gerechtigkeit.**

Ziele des Sozialrechts:
- Sicherung eines menschenwürdigen Dasein
- Absicherung von Risiken, die durch Krankheit, Arbeitslosigkeit, Alter, Pflegebedürftigkeit und betriebliche Unfälle entstehen
- Gleiche Voraussetzungen für die freie Entfaltung der Persönlichkeit, insbesondere auch für junge Menschen, zu schaffen
- Schutz und Förderung der Familie
- Förderung des Erwerbs des Lebensunterhalts durch eine frei gewählte Tätigkeit
- Abwendung oder Ausgleichung besonderer Belastungen des Lebens

Durch Gewährung von Sozialleistungen sollen diese Ziele verwirklicht werden.

Zu den **Sozialleistungen** zählen:
- Leistungen der öffentlichen Hand (Bund, Länder, Gemeinden) aus Steuermitteln und
- gesetzliche, tarifvertragliche und freiwillige Leistungen des Arbeitgebers durch Zahlung von Sozialversicherungsbeiträgen.

14.1 Versicherungsprinzip - Grundsatz der sozialen Vorsorge

Das Sozialrecht geht zunächst davon aus, dass grundsätzlich jeder Erwachsene die Möglichkeit hat, den Lebensunterhalt für sich und seine Familie durch eine sozialversicherungspflichtige Erwerbstätigkeit zu verdienen. Die Arbeitnehmer bzw. Versicherten werden in der Sozialversicherung zu einer Solidargemeinschaft nach dem **Solidaritätsprinzip** zusammengeschlossen, d.h. „einer für alle, alle für einen". Danach zahlen alle Mitglieder in die Sozialversicherung ein und wenn ein Versicherungsfall eintritt (z.B. Krankheit, Erwerbsunfähigkeit), so bekommen sie nicht nur den eingezahlten Betrag, sondern den Betrag, den dieser Versicherungsfall (z.B. die notwendige Behandlung) in Anspruch nimmt.

Die Sozialversicherung
Die Sozialversicherung sichert die Arbeitnehmer und deren Angehörige gegen Risiken ab, die durch Krankheit, Pflegebedürftigkeit, Arbeitslosigkeit, im Alter und bei betrieblichen Unfällen entstehen können. Durch die Mitwirkung des Staates und die Versicherungspflicht ist sie ein Teil der staatlichen Sozialpolitik.

Zur Sozialversicherung gehören:
- gesetzliche Unfallversicherung
- gesetzliche Krankenversicherung
- gesetzliche Pflegeversicherung
- gesetzliche Rentenversicherung
- gesetzliche Arbeitslosenversicherung

Sie werden auch die 5. Säulen des Sozialstaates genannt.

Das Prinzip der Versicherungspflicht
Die Sozialversicherung ist eine Pflichtversicherung, d.h. der Arbeitgeber ist verpflichtet, seine Arbeitnehmer bei den entsprechenden Versicherungszweigen anzumelden.

Das Prinzip der Beitragsfinanzierung
Die Sozialversicherungen werden überwiegend aus Versicherungsbeiträgen der Arbeitnehmer und Arbeitgeber finanziert. Die Beiträge hat der Arbeitgeber ordnungsgemäß zu ermitteln und an die Versicherung abzuführen. Unterlässt er dies, gilt das als eine grobe Verletzung seiner Fürsorgepflicht, für die er haftet.

Das Prinzip der Selbstverwaltung
Die Träger der Sozialversicherung sind Körperschaften des öffentlichen Rechts mit Selbstverwaltung. Oberstes Organ ist die Vertreterversammlung. Sie setzt sich aus Vertretern der Versicherten und der Arbeitgeber zusammen. Die Mitglieder der Vertreterversammlung werden durch freie und geheime Wahlen bestimmt, die alle sechs Jahre stattfinden. Die gewählte Vertreterversammlung wählt dann den Vorstand, der die Geschäftsführung vorschlägt.

Der Sozialversicherungsausweis
Jeder Arbeitnehmer hat dem Arbeitgeber bei Aufnahme einer Beschäftigung den Sozialversicherungsausweis vorzulegen. Häufig ist in der Praxis jedoch die Angabe der Rentenversicherungsnummer ausreichend. Der fälschungssichere Sozialversicherungsausweis wird von dem zuständigen Träger der Rentenversicherung ausgestellt (§ 18 h SGB IV. Buch). Er enthält den Namen des Beschäftigten und die Rentenversicherungsnummer.

Meldepflicht: Der Arbeitgeber hat die Pflicht, die Beschäftigten zur Sozialversicherung anzumelden. Arbeitnehmer bestimmter Wirtschaftszweige, bei denen eine hohe Schwarzarbeit vorherrscht (z.B. Bauwirtschaft, Gaststättengewerbe, Speditions- und Transportgewerbe, Schaustellergewerbe, Gebäudereinigungsgewerbe, Personenbeförderungsgewerbe, Fleischwirtschaft, Auf- und Abbau von Messen und Ausstellungen, Landwirtschaft) müssen statt des früher verwendeten Sozialversicherungsausweises, der mit einem Lichtbild versehen war, nunmehr **Personaldokumente** mitführen und ggfs. bei Kontrollen vorlegen. Arbeitgeber müssen darauf achten, dass ihre Arbeitnehmer Kenntnis von der Mitführungspflicht der Ausweisdokumente haben. Es besteht die Verpflichtung, jeden Arbeitnehmer auf die Pflicht zur Mitführung der Ausweisdokumente hinzuweisen. Dieser Hinweis muss schriftlich erfolgen.

Hinterlegungspflicht
Die Agenturen für Arbeit, Sozialämter, Krankenkassen haben den Sozialversicherungsausweis einzuziehen, wenn sie Leistungen (Sozialhilfe, Krankengeld, Arbeitslosengeld) an Arbeitnehmer gewähren.

Beiträge

Die Höhe der Beiträge zur Sozialversicherung ist abhängig vom Bruttoarbeitseinkommen des Arbeitnehmers und vom jeweiligen Beitragssatz. Das Bruttoentgelt der Arbeitnehmer wird jedoch nicht in unbeschränkter Höhe für die Beitragsberechnung herangezogen. Es gibt Höchstbeträge, diese werden Beitragsbemessungsgrenzen genannt. Die Sozialversicherungsbeiträge werden mit den maßgebenden Beitragssätzen nur bis zur Höhe der jeweiligen Bemessungsgrenze erhoben. Bekommt ein Arbeitnehmer also ein Gehalt, das die Bemessungsgrenze übersteigt, bleibt das darüber hinaus gehende Entgelt beitragsfrei. Die Beitragsbemessungsgrenzen werden jährlich von der Bundesregierung an die Lohnentwicklung angepasst.

> Die Beitragsbemessungsgrenzen in der Sozialversicherung stellen den Höchstbetrag dar, bis zu dem das Arbeitseinkommen sozialversicherungspflichtig ist.

BEITRAGSBEMESSUNGSGRENZEN (BRUTTO) 2014:

2014	Renten- und Arbeitslosenversicherung		Kranken- und Pflegeversicherung
Gültigkeit	West	Ost	West / Ost
Jahr	71.400,00 Euro	60.000,00 Euro	48.600,00 Euro
Monat	5.950,00 Euro	5.000,00 Euro	4.050,00 Euro

Gesetzliche Festlegungen:

Für jeden Sozialversicherungszweig sind im Gesetz festgelegt:
- die versicherungspflichtigen Personen, z.B. Arbeitnehmer, Rentner
- die Personen, die Leistungen in Anspruch nehmen können
- die Leistungen, die in Anspruch genommen werden können
- die Versicherungsträger, die für den jeweiligen Versicherungszweig zuständig sind.

Die einzelnen Sozialversicherungssparten:

Sozial-versicherung	Versicherungs-träger	Aufgaben/Leistungen
Gesetzliche Kranken-versicherung	Krankenkassen, z.B.: AOK, Betriebs-, Innungskrankenkassen, Ersatzkassen, landwirtschaftliche Krankenkassen	Einziehung des Gesamtsozialversicherungsbeitrages, Leistungen zur Verhütung und Früherkennung von Krankheiten, medizinische Rehabilitation, Ambulante und stationäre Heilbehandlung, Arznei-, Heil- und Hilfsmittel, Krankengeld (nach sechs Wochen für 78 Wochen bei gleicher Krankheit) Familien- und Mutterschaftshilfe
Gesetzliche Renten-versicherung	Deutsche Rentenversicherung	Medizinische und berufliche Rehabilitation, Leistungen zur Teilhabe am Arbeitsleben, Übergangsgeld, Rentenauskunft, Renten wegen teilweiser oder ganzer Erwerbsminderung, Altersrenten, Hinterbliebenenrenten
Gesetzliche Pflege-versicherung	Pflegekassen bei den Krankenkassen	Stationäre und häusliche Pflege in jeweils drei Stufen
Arbeitslosen-versicherung (Arbeitsförderung)	Bundesagentur für Arbeit	Arbeitslosenvermittlung, Arbeitslosengeld I (ALG I), Krankenkassenbeiträge für ALG I-Empfänger, Kurzarbeitergeld, Insolvenzgeld, Integrationsmaßnahmen, Beratung, Vermittlung, Förderung der Aufnahme einer Beschäftigung oder selbständigen Tätigkeit, der Ausbildung und beruflichen Weiterbildung
Gesetzliche Unfall-versicherung	zuständige Berufsgenossenschaft	Leistungen bei Arbeitsunfällen, Berufskrankheiten und Wegeunfällen, Unfallverhütung, Beitragseinzug, Heilbehandlung, Leistungen auf Teilhabe am Arbeitsleben und am Leben in der Gemeinschaft, Pflege, Medizinische Rehabilitation, Verletztenrente, Hinterbliebenenrente

14.1.1 Gesetzliche Unfallversicherung

Aufgabe der gesetzlichen Unfallversicherung gem. SGB VII ist es,
1. **Arbeitsunfälle** (Unfälle im Betrieb, bei Betriebsfeiern, Botengänge, Betriebsausflüge, Betriebssport)
2. **Wegeunfälle zwischen Wohnung und Arbeitsstätte** und zurück (nur auf direktem Weg, bei Azubis auch während der Berufsschule/auf dem Weg zur Berufsschule, bei Prüfungen/auf dem Weg zur Prüfung)
3. **Berufskrankheiten** (Krankheiten, die aufgrund des Berufes anerkannt werden)

zu verhüten (Präventionsauftrag) und nach Eintritt eines Unfalls die Gesundheits-/Leistungsfähigkeit des Versicherten wiederherzustellen und ihn oder Hinterbliebene durch Geldleistungen zu entschädigen. Arbeitsunfälle unterliegen der Meldepflicht; gemäß § 193 I SGB VII ist ein Arbeitgeber verpflichtet, diese beim Unfallversicherungsträger anzuzeigen, wenn in seinem Betrieb ein Arbeitnehmer verletzt oder sogar getötet worden ist.

Träger der gesetzlichen Unfallversicherung sind die zuständigen Berufsgenossenschaften (der jeweiligen Branche).
Versicherungspflichtig sind alle Arbeitnehmer und Arbeitgeber (ferner sind Kinder während des Besuchs von Kindergärten sowie Schüler und Studierende bei den Gemeindeunfallversicherungsverbänden kostenlos versichert).
Beitragsaufbringung: Es gibt keinen festen Beitragssatz. Die Höhe richtet sich nach dem Arbeitsentgelt der Arbeitnehmer und dem Grad der Unfallgefahr bzw. der Unfallhäufigkeit (besonders unfallgefährdete Betriebe müssen höhere Beiträge zahlen) entsprechend der eingestuften Gefahrklasse. Die Beiträge werden von der Berufsgenossenschaft jährlich durch eine Umlage erhoben.
Finanzierung: Der Arbeitgeber allein trägt die Beiträge. Die Unfallversicherung stellt eine Art Haftpflichtversicherung für den Arbeitgeber dar und er ist Mitglied der Berufsgenossenschaft; versichert sind jedoch alle Arbeitnehmer des Betriebes.
Leistungen: Maßnahmen zur Unfallverhütung, der Erlass von Unfallverhütungsvorschriften und die Überwachung der Einhaltung dieser Vorschriften in den Betrieben. Leistungen im Zusammenhang mit Arbeitsunfällen, Unfällen auf dem Weg zur Arbeit bzw. nach Hause sowie bei beruflich bedingten Erkrankungen:

- Heilbehandlung (ärztliche, zahnärztliche Behandlung, Arzneimittel, häusliche Krankenpflege, ambulante Behandlung)
- Leistungen bei Pflegebedürftigkeit
- Geldleistungen während der Heilbehandlung und der beruflichen Rehabilitation
- Rentenzahlung an den Versicherten
- Berufshilfe (Zahlung von Übergangsgeld, Kosten der Umschulung)

- Verletztenrente, Sterbegeld, Hinterbliebenenrente (Witwen- und Waisenrente).

14.1.2 Gesetzliche Krankenversicherung

Aufgabe der **Krankenversicherung** ist es, die Gesundheit der Versicherten zu erhalten, zu bessern oder wiederherzustellen. Der Arbeitgeber hat den Arbeitnehmer binnen 14 Tagen nach Arbeitsantritt bei einer Krankenkasse anzumelden. Rechtsgrundlage ist das SGB V. Buch. **Träger der gesetzlichen Krankenversicherung** sind die Krankenkassen.

Versicherungspflichtig sind alle Auszubildenden im dualen System, Studenten, Rentner, Arbeitslose und Arbeitnehmer bis zu einer monatlichen Einkommenshöhe von 4.462,50 Euro monatlich oder 53.550,00 Euro jährlich (die sogenannte **Versicherungspflichtgrenze 2014**). Bis zu dieser Versicherungspflichtgrenze (diese wird jährlich neu festgelegt) müssen sich alle genannten Personen bei einer gesetzlichen Krankenversicherung pflichtversichern. Die Versicherten, die diese Versicherungspflichtgrenze überschreiten, können entscheiden, ob sie sich freiwillig in einer gesetzlichen Krankenversicherung versichern oder in eine private Krankenversicherung wechseln wollen. Die Überschreitung muss nun statt der früheren drei Jahre nur noch ein Jahr betragen.

Finanzierung der gesetzlichen Krankenversicherung: 2014
Die Krankenkassen bestimmen seit 2009 nicht mehr selbst über die Höhe der Beitragssätze. Diese legt fortan die Bundesregierung fest. Die **Beiträge** sind nunmehr bei allen gesetzlichen Krankenkassen einheitlich: Diese betragen im Jahre 2014 **15,5 %** vom Bruttoeinkommen (bis zur Beitragsbemessungsgrenze). Davon zahlt der **Arbeitgeber 7,3 %** und der Arbeitnehmer zahlt einen weiteren Zusatzbeitrag von 0,9 %, **insgesamt mithin 8,2 %**. Weiterhin dürfen die Krankenkassen einen beliebig hohen Zusatzbeitrag vom Versicherten erheben. Ein Sozialausgleich erfolgt erst, wenn der durchschnittliche Zusatzbeitrag 2 % des individuellen sozialversicherungspflichtigen Einkommens übersteigt. Für das **Jahr 2015** hat die Bundesregierung folgendes geplant: Der Beitragssatz soll ab dem 01.01.2015 von 15,5 % auf **14,6 %** sinken. Entfallen soll dabei ein Zusatzbeitrag von 0,9 % zulasten der Versicherten. Arbeitgeber und -nehmer sollen von den 14,6 % jeweils die Hälfte tragen. Die Krankenkassen sollen aber darüber hinaus einkommensabhängige prozentuale Zusatzbeiträge von ihren Mitgliedern nehmen können. Pauschale Zusatzbeiträge in festen Eurobeträgen sollen Kassen anders als heute dagegen nicht mehr erheben dürfen. Die Beiträge werden von den beitragspflichtigen Einnahmen berechnet und fließen gemeinsam mit Steuermitteln in den **Gesundheitsfonds**. Die Krankenkassen erhalten aus dem Gesundheitsfonds eine einheitliche Grundpauschale pro Versicherten sowie alters-, geschlechts- und risikogerechte Zu- und Abschläge zur Deckung ihrer standardisierten Leistungsausgaben.

Die Leistungen der Krankenversicherungen:
- Zahlung der Arztkosten (freie Arztwahl – seit 2014: Vorlage der elektronischen Gesundheitskarte -eGK-)
- Vorsorgeuntersuchungen
- Krankenhausbehandlung
- Arzneimittel
- Krankengeldzahlung (70 % des Arbeitsentgelts für max. 78 Wochen)
- Familienhilfe
  (Familienmitglieder sind kostenfrei mitversichert - Einkommensgrenze in der Familienversicherung ab 2014 monatlich 395 Euro; bei Ausübung einer geringfügigen Beschäftigung: monatlich 450 Euro)
- Ebenso gibt es Krankengeld bei Betreuung des erkrankten Kindes (§ 45 SGB V)

Keine Zahlung mehr für:
- Sehhilfen, Fahrtkosten zur ambulanten Behandlung, bei Zahnersatz nur noch feste Zuschüsse (50 % der medizinisch notwendigen Versorgung, Sterbegeld)

Zuzahlungen durch die Patienten:
- 10 % der verschreibungspflichtigen Arzneimittel, maximal 10 Euro
- Stationäre Behandlung pro Tag 10 Euro, höchstens für 28 Tage
- Heilmittel (Massage etc.) 10 % der Kosten
- Hilfsmittel (Hörgeräte, Einlagen usw.) 10 % der Kosten
- Belastungsgrenze für Zuzahlungen nicht mehr als 2 % des jährlichen Bruttoeinkommens, bei chronisch Kranken nur 1 %.

Folgende Wahlleistungen müssen von den Kassen angeboten werden:
- Hausärztliche Versorgung
- Anspruch auf Krankengeld (Wahltarif)
- Integrierte Versorgung (Haus-, Fachärzte, ambulanter und stationärer Bereich arbeiten zusammen)
- Behandlungsprogramme bei chronischen Krankheiten

Folgende Wahlleistungen können die Krankenkassen anbieten:
- Selbstbehalttarif
- Tarif für Nichtinanspruchnahme von Leistungen (Mitglied darf ein Jahr lang keine Leistungen beanspruchen, dafür gibt es eine Prämie)
- Kostenerstattungstarif (Patienten erhalten Rechnungen wie Private, Kasse ersetzt diese Kosten nach Tarif)
- Übernahme der Kosten für ausgeschlossene Arzneimittel (homöopathische Mittel)

14.1.3 Gesetzliche Pflegeversicherung

Sie dient der sozialen Absicherung des Risikos der Pflegebedürftigkeit und hat die Aufgabe, Pflegebedürftigen Hilfe zu leisten, die auf Unterstützung angewiesen sind. Rechtsgrundlage: SGB XI. Buch.
Träger der sozialen Pflegeversicherung: Pflegekassen bei den gewählten Krankenkassen. Ihre Aufgaben werden von den Krankenkassen wahrgenommen.
Versicherungspflicht: Alle Mitglieder der gesetzlichen Krankenversicherung bis zur Versicherungspflichtgrenze (seit 2014 monatlich 4.462,50 Euro oder 53.550,00 Euro jährlich).

Finanzierung der Pflegeversicherung 2014:
Die Finanzierung der Pflegeversicherung erfolgt durch Beiträge. Die Beitragssätze in Höhe von **2,05%** teilen sich Arbeitnehmer und Arbeitgeber je zur Hälfte von je 1,025% vom Bruttolohn (bis zur Beitragsbemessungsgrenze). Für **Kinderlose** ab dem 23. Lebensjahr wird jedoch ein zusätzlicher Anteil von 0,25 % gefordert. Bei Beziehern von Sozialleistungen werden die Beiträge vom Leistungsträger übernommen.

Ab dem Jahr 2015 plant die Regierung die Beitragssätze wie folgt:
Der Beitragssatz soll ab 01.01.2015 auf **2,35%** steigen, je zur Hälfte von 1,175 % für Arbeitgeber und Arbeitnehmer zu tragen. Für Kinderlose ab dem 23. Lebensjahr steigt der Beitragssatz dann von 1,175% um 0,25% auf 1,425%. In einem zweiten Schritt soll der Pflegebeitrag um weitere 0,2 % steigen.

Die Leistungen für häusliche und stationäre Pflege richten sich nach der Pflegebedürftigkeit (drei Stufen). **Pflegebedürftig** sind danach Personen, die wegen einer körperlichen, geistigen oder seelischen Krankheit oder Behinderung für die gewöhnlichen und regelmäßig wiederkehrenden Verrichtungen im Ablauf des Lebens auf Dauer, voraussichtlich für mindestens sechs Monate, in erheblichem Umfang oder höherem Maße der Hilfe bedürfen.

> **Pflegestufe I = erheblich Pflegebedürftige:**
> Personen, die bei der Körperpflege, Ernährung oder Mobilität mindestens einmal täglich für zwei Verrichtungen der Hilfe bedürfen und zusätzlich mehrmals in der Woche Hilfe bei der hauswirtschaftlichen Versorgung. Die Hilfe muss im Tagesdurchschnitt mindestens 90 Minuten in Anspruch nehmen, davon müssen mehr als 45 Minuten auf die Grundpflege entfallen.

Pflegestufe II = Schwerpflegebedürftige:
Personen, die bei der Körperpflege, der Ernährung oder Mobilität mindestens dreimal täglich zu verschiedenen Tageszeiten der Hilfe bedürfen und zusätzlich mehrmals in der Woche Hilfe bei der hauswirtschaftlichen Versorgung benötigen. Die Hilfe muss im Tagesdurchschnitt mindestens drei Stunden in Anspruch nehmen, davon müssen mindestens zwei Stunden auf die Grundpflege entfallen

Pflegestufe III = Schwerstpflegebedürftige:
Personen, die rund um die Uhr, auch nachts, der Hilfe bedürfen und zusätzlich mehrfach wöchentliche Hilfe bei der Hauswirtschaft. Die Hilfe muss im Tagesdurchschnitt mindestens fünf Stunden in Anspruch nehmen, davon müssen mindestens vier Stunden auf die Grundpflege entfallen

Die Pflegebedürftigkeit wird vom Medizinischen Dienst der Krankenkassen (MDK) festgestellt. Der MDK ist der sozialmedizinische Beratungs- und Begutachtungsdienst der gesetzlichen Kranken- und Pflegeversicherung und er überprüft, ob die Voraussetzungen der Pflegbedürftigkeit erfüllt sind und welche Stufe der Pflegebedürftigkeit vorliegt. Pflegebedürftige erhalten die Grundpflege als **Sachleistung** durch Pflegekräfte, die bei der Pflegekasse oder bei ambulanten Pflegeeinrichtungen angestellt sind. Der Pflegebedürftige kann auch andere Pflegepersonen, z.B. Angehörige oder Freunde mit der Pflege beauftragen. Dann erhält er statt der Sachleistung ein **Pflegegeld**.

Sachleistung durch Pflegekräfte im Jahre 2014:

Pflegestufe	Sachleistung in Euro
I	450
II	1.100
III	1.550

Ab dem **01.01.2015** plant die Bundesregierung eine
Dynamisierung der Sachleistungen wie folgt:

Pflegestufe	Sachleistung in Euro
I	468
II	1.144
III	1.612

Pflegegeld bei häuslicher Pflege durch Angehörige im Jahre 2014:

Pflegestufe	Pflegegeld in Euro
I	235
II	440
III	700

Angehörige, die mehr als 14 Stunden in der Woche pflegen, sind automatisch renten- und unfallversichert. Fallen betreuende Angehörige wegen Krankheit oder Urlaub aus, übernimmt die Pflegekasse die Aufwendungen für eine Ersatzpflegekraft in Höhe von bis zu 1.550 Euro jährlich.

Ab dem **01.01.2015** plant die Bundesregierung ebenfalls eine **Erhöhung des Pflegegeldes wie folgt:**

Pflegestufe	Pflegegeld in Euro
I	244
II	458
III	728

Der jährliche Leistungsumfang für die Verhinderungspflege (auch: Ersatzpflege) soll 2015 von 1.550 Euro auf nun 1.612 Euro angehoben werden. Daneben wird der Zeitumfang von bislang 28 Kalendertagen auf künftig 42 Kalendertage erweitert.

Bei stationärer Pflege übernimmt die Pflegeversicherung die Aufwendungen bis zu einem monatlichen Höchstbetrag. Die Kosten für Unterkunft und Verpflegung trägt der Pflegebedürftige.

Vollstationäre Pflege	Beträge in Euro
I	1.023
II	1.279
III	1.550

Auch hier soll **2015 eine Erhöhung der vollstationären Pflegesätze** wie folgt erfolgen:

Vollstationäre Pflege	Beträge in Euro
I	1.064
II	1.330
III	1.612

Durch das am 29.06.2012 neu beschlossene Pflege-Neuausrichtungsgesetz (PNG) erhalten **Demenzkranke** in den Pflegestufen I und II mehr Pflegegeld, auch die Sachleistungen wurden angehoben. Neben dem bisher schon bestehenden monatlichen Zuschuss von 100 oder 200 Euro für zusätzliche Betreuungsleistungen gibt es für Demenzkranke auch ohne die Pflegestufen I bis III erstmals ein Pflegegeld. Seit 2013 werden selbst organisierte, ambulant betreute Wohngruppen gefördert. Pro pflegebedürftigem Mitbewohner gibt es maximal 2.500 Euro bis zu einem Höchstbetrag von 10.000 Euro je Wohngruppe für die altersgerechte oder barrierefreie Umgestaltung der Wohnung. Bei einem höheren Organisationsaufwand ist ein Zuschlag von 200 Euro pro Monat und Bewohner möglich.

Private Pflegezusatzversicherung
Die Möglichkeiten der gesetzlichen Pflegeversicherung sind nicht mehr ausreichend genug, um der fortschreitenden Pflegeproblematik entgegen zu wirken. Nur Teile der Pflegekosten werden von der gesetzlichen Pflegeversicherung erstattet. Den größten Teil der Kosten muss aus den eigenen wirtschaftlichen Mitteln selbst finanziert werden. Der sogenannte „**Pflege Bahr**" soll hier Abhilfe schaffen und die Bereitschaft steigern, eine private Pflegezusatzversicherung abzuschließen. Es handelt sich folglich um eine staatliche finanzielle Unterstützung, die jeder Bürger in Anspruch nehmen kann. Wer ab 2013 eine private Pflegezusatzversicherung abschließt, erhält die staatliche Förderung von fünf Euro pro Monat für seine private Vorsorgeleistung; vorausgesetzt, er zahlt selbst mindestens zehn Euro pro Monat in die private Pflegeversicherung ein.

Pflegezeit
Nach § 2 I **Pflegezeitgesetz** (PflegeZG) hat jeder Beschäftigte bei einem familiären Pflegefall Anspruch auf unbezahlte Freistellung von der Arbeitspflicht für maximal zehn Arbeitstage. Der Anspruch besteht aber nur, wenn es sich um eine akut aufgetretene Pflegesituation oder Regelung der Pflegesituation eines nahen Angehörigen handelt. Der Anspruch auf kurzfristige Freistellung besteht unabhängig von einer bestimmten Belegschaftsgröße und Dauer der Betriebszugehörigkeit. Weiterhin haben nach § 4 PflegeZG Arbeitnehmer bei einem familiären Pflegefall einen Anspruch auf unbezahlte vollständige oder teilweise Freistellung von der Arbeit bzw. Verringerung der Arbeitszeit für maximal sechs Monate. Hier ist Voraussetzung, dass der Betrieb mehr als 15 Arbeitnehmern beschäftigt. Der Arbeitnehmer muss dem Arbeitgeber spätestens zehn Tage vor Beginn der Pflegezeit schriftlich die Freistellung ankündigen. Während der Pflegezeit besteht ein Sonderkündigungsschutz. Nach Ansicht des BAG erlaubt das PflegeZG einem Arbeitnehmer nicht, Pflegezeit für denselben Angehörigen mehrfach in Anspruch zu nehmen. Es handele sich um ein einmaliges Gestaltungsrecht. Das gelte selbst dann, wenn die in Anspruch genommene Pflegezeit kürzer als sechs Monate sei (Urteil des BAG vom 15.11.20111, Az: 9 AZR 348/10).

Daneben gibt es noch das **Familienpflegezeitgesetz** (FPfZG)
Es eröffnet Beschäftigten die Möglichkeit, ihre Arbeitszeit für bis zu zwei Jahre zu reduzieren, um neben dem Beruf einen nahen Angehörigen in häuslicher Umgebung pflegen zu können. Ein Rechtsanspruch auf Familienpflegezeit besteht jedoch nicht, vielmehr handelt es sich um eine freiwillige Vereinbarung zwischen Arbeitnehmer und Arbeitgeber. Die Möglichkeit der Inanspruchnahme von Pflegezeit nach dem Pflegezeitgesetz wird durch die Familienpflegezeit nicht berührt. Eine parallele Inanspruchnahme beider Pflegezeiten ist jedoch ausgeschlossen.

14.1.4 Gesetzliche Rentenversicherung

Die Risiken des Alters und der Erwerbsunfähigkeit wurden früher durch die Familie oder karitative Einrichtungen aufgefangen. Heute erfolgt sie über die gesetzliche Rentenversicherung. Rechtsgrundlage: SGB VI. Buch. Der **Träger der gesetzlichen Rentenversicherung** ist die Deutsche Rentenversicherung

Versicherungspflichtig sind alle Arbeitnehmer, Auszubildenden, Scheinselbständige, geringfügig Beschäftigte (können sich befreien lassen), Studenten (wenn sie Einkommen beziehen) ohne Rücksicht auf die Höhe des Einkommens. Von der Rentenversicherung wird eine Versicherungsnummer vergeben und ein Sozialversicherungsausweis ausgestellt.

Die **Beiträge** zur Rentenversicherung **2014 in Höhe von 18,9 %** vom Bruttolohn (bis zur Beitragsbemessungsgrenze) werden je zur Hälfte vom Arbeitgeber und Arbeitnehmer gezahlt. Ursprünglich war eine Senkung auf bis zu 18,3 % vorgesehen. Dieser Senkung steht nun allerdings entgegen, dass der Gesetzgeber 2014 verschiedene Leistungsverbesserungen plante und durchführte, die nicht aus dem Bundeshaushalt finanziert werden sollten. Die zum Jahreswechsel eigentlich vorgeschriebene Absenkung soll daher (durch ein entsprechendes Gesetzgebungsverfahren) verhindert werden. Durch dieses Rentenpaket 2014 wird der Beitragssatz 2015 vermutlich nicht sinken, sondern gleich bleiben.

Leistungen der Rentenversicherung:

1. Leistungen zur Teilhabe
- medizinische Leistungen zur Rehabilitation (Wiedereingliederung in das Arbeitsleben)
- berufsfördernde Leistungen zur Rehabilitation (Umschulung)
- ergänzende Leistungen (Kosten für Lernmittel, Arbeitskleidung, Arbeitsgeräte)

2. Gesetzliche Renten wegen Alters
Anspruchsvoraussetzung für eine Altersrente ist das Erreichen der Regelaltersgrenze

und der Ablauf einer bestimmten Mindestversicherungszeit (Wartezeit von fünf Jahren). Nach § 35 Satz 2 SGB VI wird die Regelaltersgrenze mit Vollendung des **67. Lebensjahres** erreicht. Schrittweise erfolgt die Anhebung des normalen Rentenalters von 65 auf das 67. Jahr bis zum Jahre 2029. Mit dem Geburtsjahrgang 1947 erfolgt die Anhebung zunächst in 1-Monats-, ab 2024 in 2-Monats-Schritten. Für Versicherte ab Jahrgang 1964 gilt dann die Regelaltersgrenze von 67 Jahren. Die Höhe der Rente ist abhängig von der Höhe der eingezahlten Beiträge und der rentenrechtlichen Zeiten.

2a. Altersrente für langjährig Versicherte

Ab 1. Juli 2014 können besonders langjährig Versicherte, die mindestens 45 Jahre in der gesetzlichen Rentenversicherung versichert waren, schon mit 63 Jahren ohne Abschläge in Rente gehen. Ab Jahrgang 1953 steigt diese Altersgrenze für die abschlagsfreie Rente wieder schrittweise an. Für alle 1964 oder später Geborenen liegt sie wieder wie bislang bei 65 Jahren. Bisher müssen Versicherte für jeden Monat, den sie vor dem gesetzlichen Renteneintrittsalter in Rente gehen, 0,3 % Kürzungen bei ihrer Rente in Kauf nehmen. Kurzzeitige Unterbrechungen durch Arbeitslosigkeit (Bezug von Arbeitslosengeld) werden angerechnet. Nicht berücksichtigt werden Zeiten mit Arbeitslosengeld II (Hartz IV) oder Sozialhilfe, da es sich hierbei um Fürsorgeleistungen handelt und nicht um Versicherungsleistungen. Um Frühverrentungen zu vermeiden, werden Zeiten des Arbeitslosengeldbezuges in den letzten zwei Jahren vor der abschlagsfreien Rente ab 63 nicht mehr mitgezählt.

2b. Altersrente für Schwerbehinderte

Schwerbehinderte können unter bestimmten Voraussetzungen bereits ab 63 Jahren in Rente gehen, wenn sie 35 Rentenversicherungsjahre vorweisen können. Die Altersgrenze für eine abschlagfreie Rente wird ab 2015 schrittweise von 63 auf 65 Jahre angehoben.

3. Mütterrente

Mütter oder Väter bekommen ab 01. Juli 2014 für ihre Erziehungsleistung für jedes Kind, das vor 1992 geboren wurde, einen Entgeltpunkt in der Altersrente mehr; das sind im Westen 28,61 Euro, im Osten 26,39 Euro monatlich mehr. Sie hatten deutlich weniger Unterstützung durch Kinderbetreuungseinrichtungen als heutige Eltern. Für Kinder, die nach 1992 geboren sind, bleibt es bei insgesamt drei Rentenpunkten pro Kind.

4. Erwerbsminderungsrente

Wer aus gesundheitlichen Gründen einer Erwerbstätigkeit nicht mehr oder nur stark eingeschränkt nachgehen kann, erhält - bis zum Erreichen der Regelaltersgrenze - eine Rente wegen voller oder teilweiser Erwerbsminderung.

Gemäß § 43 SGB VI besteht ein Anspruch auf Rente bei Erwerbsminderung, wenn folgende Voraussetzungen erfüllt werden:

1. Nichtvollendung der Regelaltersgrenze
2. Vorliegen von teilweiser oder voller Erwerbsminderung
3. Vorhandensein von 36 Kalendermonaten (drei Jahren) an Pflichtbeiträgen für eine versicherte Beschäftigung oder Tätigkeit in den letzten fünf Jahren vor Eintritt der Erwerbsminderung (versicherungsrechtliche Voraussetzung) und
4. Erfüllung der allgemeinen Wartezeit von fünf Jahren vor Eintritt der Erwerbsminderung.

Eine **teilweise Erwerbsminderung** liegt vor, wenn Versicherte wegen Krankheit/Behinderung auf nicht absehbare Zeit nur noch drei bis max. sechs Stunden täglich im Rahmen einer Fünf-Tage-Woche unter den üblichen Bedingungen des allgemeinen Arbeitsmarktes erwerbstätig sein können.
Eine **volle Erwerbsminderung** liegt vor, wenn Versicherte wegen Krankheit/Behinderung auf nicht absehbare Zeit nur noch weniger als drei Stunden täglich im Rahmen einer Fünf-Tage-Woche erwerbstätig sein können. Versicherte, die noch mindestens drei, aber nicht mehr sechs Stunden täglich arbeiten könnten, jedoch arbeitslos sind, erhalten bei Erfüllung der weiteren Anspruchsvoraussetzungen eine volle Erwerbsminderungsrente. Ob eine Erwerbsminderung gegeben ist, entscheidet ein medizinischer Gutachter. Dieser wird vom Rentenversicherungsträger bestellt.
Menschen, die seit dem 1. Juli 2014 in Erwerbsminderungsrente gehen, werden durch die **Rentenreform 2014** besser abgesichert: Wer krank ist, nicht mehr arbeiten kann und in Erwerbsminderungsrente gehen muss, bekommt aktuell eine Rente, als hätte er noch bis zum vollendeten 60. Lebensjahr weiter mit dem alten Verdienst gearbeitet. Diese sogenannte „Zurechnungszeit" wird um zwei Jahre - von 60 auf 62 Jahre - verlängert. Erwerbsgeminderte werden dann so gestellt, als ob sie mit ihrem bisherigen durchschnittlichen Einkommen zwei Jahre länger als bisher gearbeitet hätten. Von dieser Verbesserung profitieren Rentenzugänge seit dem 1. Juli 2014 in die Erwerbsminderungsrente im Alter von unter 62 Jahren.

5. Gesetzliche Renten wegen Todes:
a) Hinterbliebenenrente
Nach dem Tode des Ehegatten besteht für den überlebenden Ehegatten, der nicht wieder geheiratet hat, gem. § 46 SGB VI. Buch ein Anspruch auf eine **Witwenrente/Witwerrente**. Voraussetzung ist, dass der verstorbene Ehepartner die allgemeine Wartezeit von fünf Jahren erfüllt oder bereits eine Rente bezogen hat. Die Ehe muss zum Zeitpunkt des Todes rechtsgültig bestanden haben.
Die „**große Witwenrente**" wird an den überlebenden Ehepartner gezahlt, wenn dieser das 47. Lebensjahr vollendet hat und ein waisenrentenberechtigtes Kind unter 18 Jahren erzieht oder vermindert erwerbsfähig ist. Die Rentenzahlung beträgt statt 60 %

nunmehr nur noch **55 %** der Rente wegen voller Erwerbsminderung des Verstorbenen. Sind die Voraussetzungen für die große Witwenrente nicht erfüllt, so kommt die „**kleine Witwenrente**" in Betracht. Diese Rente beträgt 25 % der Rente wegen voller Erwerbsminderung und wird nur noch 24 Monate gezahlt. Das eigene Einkommen wird auf die Rentenhöhe angerechnet; es gibt Freibeträge.

b) Waisenrente gem. § 48 SGB VI. Buch erhalten hinterbliebene Kinder nach dem Tode eines Elternteils (Halbwaisenrente) bzw. bei Tod beider Elternteile (Vollwaisenrente). Voraussetzung ist, dass der verstorbene Elternteil die allgemeine Wartezeit von fünf Jahren erfüllt hat und das Kind nicht älter als 18 Jahre ist (Ausnahmeregelung bis 27 Jahre). Die Höhe der Halbwaisenrente und der Vollwaisenrente ist abhängig vom Rentenanspruch, den der Verstorbene bis zum Zeitpunkt seines Todes erworben hatte. Die Höhe der Waisenrente wird damit wie andere Altersrenten bestimmt von den persönlichen Entgeltpunkten des oder der Verstorbenen, dem Rentenartfaktor und dem aktuellen Rentenwert.

Finanzierung der Rentenversicherung:
Die Finanzierung der Altersrenten erfolgt durch Beiträge nach dem Umlageverfahren und durch Steuern. Die jetzt arbeitende Generation entrichtet Beiträge, die im gleichen Zeitraum als Rente an die nicht mehr arbeitende Generation (Rentner) ausgezahlt wird (**Generationenvertrag**). Wer heute Rente bekommt, hat seine Beiträge also nicht angespart, sondern bereits für die Generation seiner Eltern bezahlt. Die spätere Rente heutiger Arbeitnehmer wird wiederum von den nächsten Generationen finanziert. Dieser Generationenvertrag bildet die Grundlage für das System der gesetzlichen Rentenversicherung und bezieht alle versicherungspflichtigen Arbeitnehmer in das Umlageverfahren ein. Dieses Rentensystem wurde 1957 aufgrund einer Rentenreform von Wilfried Schreiber eingeführt. Die Weiterentwicklung und Anpassung des Generationenvertrages an die demografische und wirtschaftliche Entwicklung wird laufend diskutiert. Die Probleme der **demografischen Entwicklung** werden sein, dass die Alten immer älter werden, da die Lebenserwartung steigt, es somit in Zukunft also viel mehr Rentner geben wird und gleichzeitig die Geburtenzahl zurückgeht, es somit in Zukunft weniger Beitragszahler geben wird. Dadurch verschiebt sich das Verhältnis der Erwerbstätigen zu den Rentnern drastisch. Es wird kritisiert, dass der Generationenvertrag wegen des demographischen Ungleichgewichts der Generationen nicht funktionieren könne. Die Höhe der Renten und der Beiträge zur Rentenversicherung hängt von der Entwicklung der Altersstruktur ab; bereits im Jahr 2030 wird jeder dritte Deutsche über 60 Jahre alt sein. Heute finanzieren 100 Arbeitnehmer die Bezüge von etwa 50 Rentnern, im Jahr 2040 werden sie bereits 84 Rentner ernähren müssen. Um das Umlageverfahren beibehalten zu können, müssen die Beiträge zur gesetzlichen Rente in Zukunft weiter angehoben, das Rentenalter weiter erhöht und die Rentenleistungen weiter gesenkt werden.
Die Höhe der Rentenzahlungen wird jeweils an die allgemeine Lohnentwicklung

angepasst, sogenannte **Dynamisierung der Rente**.
Selbständige und freiberuflich Tätige können sich freiwillig versichern, müssen den vollen Beitrag jedoch allein tragen. Selbständige Künstler und Publizisten haben die Möglichkeit, in die **Künstlersozialversicherung** - KSV - einzuzahlen. Die Künstlersozialkasse (KSK) bietet als Teil der gesetzlichen Sozialversicherung selbständigen Künstlern und Publizisten sozialen Schutz in der Renten-, Kranken- und Pflegeversicherung. Wie in einem Arbeitnehmerverhältnis zahlen sie nur die Hälfte der Versicherungsbeiträge, während der andere Teil in Höhe von 30 % über die KSK (Künstlersozialkasse) von „Verwertern" von künstlerischen Leistungen in Form der pauschal umgelegten „Künstlersozialabgabe" und einem Zuschuss des Bundes aus Steuermitteln in Höhe von 20 % getragen wird. Künstler ist, wer Musik, darstellende oder bildende Kunst schafft oder lehrt. Dazu zählen auch Übersetzer, wissenschaftliche Autoren und Fachleute für Öffentlichkeitsarbeit oder Werbung, z.B. Grafik-Designer, Texter, Journalisten, Fotografen, aber auch Tätowierer, Balletttänzer. Publizist ist, wer als Schriftsteller, Journalist oder in anderer Weise publizistisch tätig ist oder Publizistik lehrt. Voraussetzung: Sie erzielen aus dieser erwerbsmäßigen und nicht nur vorübergehend ausgeübten Tätigkeit ein Mindesteinkommen von über 3.900 Euro im Jahr (2014), beschäftigen nicht mehr als einen Arbeitnehmer und sind nicht anderweitig von der Versicherungspflicht befreit. Weniger verdienen dürfen nur Berufsanfänger. Der Abgabesatz der Künstlersozialversicherung für die Verwerter ist 2014 von 4,1 % auf 5,2 % gestiegen. Nicht die Künstlersozialkasse selbst versichert ihre Mitglieder. Sie steuert nur die Hälfte der Beiträge hinzu. Die Künstler sind bei der Deutschen Rentenversicherung rentenversichert und bei einer selbst gewählten gesetzlichen Krankenkasse oder bei privaten Versicherungen kranken- und pflegeversichert.

14.1. 5 Arbeitslosenversicherung - Arbeitsförderung

Die gesetzliche Arbeitslosenversicherung soll die existenzielle Sicherheit im Falle einer Arbeitslosigkeit gewährleisten. **Träger der Arbeitslosenversicherung** ist die Bundesagentur für Arbeit in Nürnberg. Maßnahmen der Arbeitsförderung beziehen sich auf alle Personen, die eine abhängige Beschäftigung ausgeübt haben oder künftig ausüben wollen. Die Entgeltersatzleistungen bei Arbeitslosigkeit (Arbeitslosengeld I) setzen eine Zugehörigkeit zur Solidargemeinschaft der Beitragszahler zur Arbeitslosenversicherung voraus.

Pflichtmitglieder sind alle Arbeitnehmer und Auszubildende (außer geringfügig Beschäftigte). Versicherungsfrei sind Selbständige und Rentner. Selbständige, Pflegepersonen und Arbeitnehmer, die im Ausland (außerhalb der EU) arbeiten, können auf Antrag unter den nach § 28a SGB III genannten Voraussetzungen freiwillig in der gesetzlichen Arbeitslosenversicherung versichert sein.

Finanzierung der Bundesagentur für Arbeit erfolgt durch Beiträge zur Arbeitslosenversicherung und Steuermittel. Der Beitrag (2014) in Höhe von zurzeit **3 %** des Bruttolohns (bis zur Beitragsbemessungsgrenze) wird je zur Hälfte vom Arbeitgeber und Arbeitnehmer gezahlt.

Bereiche der Arbeitsförderung:
- Beratung (Berufsberatung, Eignungsfeststellung)
- Vermittlung von Ausbildungs- und Arbeitsplätzen
- Verbesserung der Eingliederungsaussichten, Trainingsmaßnahmen
- Förderung der Aufnahme einer Beschäftigung, Überbrückungshilfen, Reisekostenbeihilfen
- Förderung der Berufsausbildung, Gewährung einer Berufsausbildungsbeihilfe
- Förderung der beruflichen Weiterbildung, Weiterbildungskosten, Unterhaltsgeld
- Förderung behinderter Menschen am Arbeitsleben, bes. Berufsausbildungsmaßnahmen

Entgeltleistungen der Agentur für Arbeit:

1. Arbeitslosengeld I
Arbeitslosengeld I (ALG I) ist eine Leistung der Agentur für Arbeit, die bei Eintritt der Arbeitslosigkeit und abhängig von weiteren Voraussetzungen gezahlt wird (§ 136 SGB). Damit ist das Arbeitslosengeld keine Sozialleistung im herkömmlichen Sinne, sondern eine Versicherungsleistung aus der Arbeitslosenversicherung, die man sich während der Beschäftigungszeit durch Beitragszahlungen erarbeitet hat. Aufgabe des Arbeitslosengeldes ist es, den Lebensunterhalt anstelle des ausfallenden Arbeitsentgelts zu sichern.

Voraussetzung für den Erhalt von Arbeitslosengeld I:
- **Arbeitslosigkeit**
  Arbeitslos ist ein Arbeitnehmer gemäß § 138 SGB III, der die folgenden drei Voraussetzungen erfüllt: Er darf nicht in einem Beschäftigungsverhältnis stehen (Beschäftigungslosigkeit), er muss sich bemühen, seine Beschäftigungslosigkeit zu beenden (Eigenbemühungen), und er muss den Vermittlungsbemühungen der Arbeitsagentur zur Verfügung stehen (Verfügbarkeit).
- **Erfüllung der Anwartschaft**
  Die Anwartschaftszeit hat gemäß § 142 SGB III erfüllt, wer in den letzten zwei Jahren mindestens zwölf Monate in einem Versicherungspflichtverhältnis gestanden hat.
- **Arbeitslosmeldung bei der Agentur für Arbeit**
  Diese muss persönlich und unverzüglich nach einer Kündigung, spätestens am ersten Tag der Arbeitslosigkeit vorliegen. Bei einem befristeten Arbeitsverhältnis muss sie bereits drei Monate vor Auslaufen des Arbeitsvertrages abgegeben werden. Eine

Meldung per Brief, Fax, Telefon oder durch einen Stellvertreter ist also nicht zulässig und führt nicht zum Entstehen eines Anspruchs auf Arbeitslosengeld.

Die Höhe der Zahlung errechnet sich wie folgt:
Der anspruchsberechtigte kinderlose Arbeitslose erhält 60 % des pauschalierten Nettoentgeltes, sofern Kinder mit einem Kindergeldanspruch vorhanden sind erhält der Arbeitslose 67 % des pauschalierten Nettoentgeltes als Arbeitslosengeld ausgezahlt (vgl. § 149 SGB III). Da es sich beim Arbeitslosengeld um eine Versicherungsleistung aus der Arbeitslosenversicherung handelt, wird das eigene Vermögen nicht berücksichtigt. Das Arbeitslosengeld wird also unabhängig vom eigenen Ersparten geleistet. Auch ein Hinzuverdienst zum ALG I ist möglich, dieser beträgt bei einer Erwerbstätigkeit während der Arbeitslosigkeit 165 Euro monatlich, die anrechnungsfrei dazuverdient werden können.

Bezugsdauer von Arbeitslosengeld I:
Sind diese Voraussetzungen erfüllt, kann der Arbeitslose für eine bestimmte Zeit Arbeitslosengeld I beziehen, die sich nach der Dauer des versicherungspflichtigen Beschäftigungsverhältnisses richtet. Die Dauer des Anspruchs auf Arbeitslosengeld hängt von der Dauer des Versicherungspflichtverhältnisses und dem bei Entstehung des Anspruchs vollendetem Lebensjahr des Arbeitslosen ab:

Dauer der Beschäftigung	Alter des Arbeitslosen	ALG I-Bezug
12 Monate		6 Monate
16 Monate		8 Monate
20 Monate		10 Monate
24 Monate		12 Monate
30 Monate	50.	15 Monate
36 Monate	55.	18 Monate
48 Monate	58.	24 Monate

Sperrfristen:
Der Arbeitnehmer muss sich spätestens drei Monate vor dem Ende des Arbeitsverhältnisses persönlich bei der Agentur für Arbeit arbeitsuchend melden. Wer innerhalb der drei Monate vom Ende seines Arbeitsverhältnisses erfährt, muss sich innerhalb drei Tagen nach Kenntnisnahme melden. Der Anspruch auf Arbeitslosengeld I ruht eine gewisse Sperrzeit, wenn der Arbeitslose ohne wichtigen Grund selbst das Beschäftigungsverhältnis aufgibt oder Anlass zu einer Kündigung durch den Arbeitgeber

gegeben hat bzw. eine angebotene Beschäftigung oder eine Eingliederungsmaßnahme ablehnt oder abbricht (Sperrzeiten bis zu zwölf Wochen). Sperrzeiten gibt es auch bei Meldeversäumnissen, wenn der Arbeitslose eine Aufforderung der Agentur für Arbeit, sich zu melden oder zu einem ärztlichen oder psychologischen Untersuchungstermin zu erscheinen, nicht nach kommt (Sperrzeit eine Woche). Auch bei unzureichenden Eigenbemühungen um einen neuen Job kann den Arbeitslosen eine Sperrzeit (zwei Wochen) treffen. Bei Arbeitsablehnung kann eine Sperrfrist von drei bis zwölf Wochen eintreten; ebenso bei Ablehnung einer beruflichen Eingliederungsmaßnahme

2. Kurzarbeitergeld

Kurzarbeit im Arbeitsverhältnis bedeutet die vorübergehende Verringerung der regelmäßigen Arbeitszeit in einem Betrieb aufgrund eines erheblichen Arbeitsausfalls. Kurzarbeit kann ein Instrument sein, um bei vorübergehendem Arbeitsausfall (z.B. Auftragsmangel) Kündigungen zu vermeiden. Kurzarbeitergeld wird von der Agentur für Arbeit an den Arbeitgeber gewährt, wenn in Betrieben die regelmäßige wöchentliche Arbeitszeit infolge wirtschaftlicher Ursachen oder unabwendbaren Ereignisses vorübergehend verkürzt wird. Die Voraussetzungen der §§ 95 ff. SGB III. Buch müssen erfüllt sein, d.h. mindestens 1/3 der Arbeitnehmer eines Betriebes müssen einen Entgeltausfall von mehr als 10 % monatlich haben. Durch Kurzarbeitergeld sollen Arbeitsplätze und den Arbeitgebern ihre Arbeitskräfte erhalten bleiben. Die Bezugsdauer für Kurzarbeitergeld beträgt insgesamt zwölf Monate. Die verlängerte Bezugsdauer wurde durch Rechtsverordnung bis Ende 2014 ausgedehnt. Die Leistungen betragen wie beim Arbeitslosengeld 60 % des ausgefallenen Nettoarbeitsentgelts; bei Beschäftigten mit Kindern 67 %. Die Sozialversicherungsbeiträge werden vom Arbeitgeber und der Agentur für Arbeit gezahlt.

3. Insolvenzgeld

Arbeitnehmer erhalten im Falle der Insolvenz ihres Arbeitgebers ein sogenanntes Insolvenzgeld zum Ausgleich ihres ausgefallenen Arbeitsentgeltes. Insolvenzgeld wird von der Bundesagentur für Arbeit gezahlt und von den Arbeitgebern durch Zahlung einer Umlage finanziert. Umlagepflichtig sind grundsätzlich alle Arbeitgeber. Anspruch auf Insolvenzgeld haben grundsätzlich alle Beschäftigten, also neben den sozialversicherungspflichtig angestellten Arbeitnehmern auch geringfügig Beschäftigte eines Betriebes. Gem. § 165 SGB III. Buch wird für die letzten drei Monate vor Eintritt des Insolvenzverfahrens des Arbeitgebers das Insolvenzgeld als Ausgleich für offene Ansprüche aus dem Arbeitsverhältnis gezahlt. Der Umlagesatz für das Jahr 2014 beträgt 0,15 % vom rentenversicherungspflichtigen Entgelt des Arbeitnehmers. Der Antrag der Beschäftigten auf Insolvenzgeld muss innerhalb von zwei Monaten nach dem Insolvenzereignis gestellt werden. Wenn das nicht erfolgt, verfallen die Ansprüche der Arbeitnehmer. Der Antrag muss an die Arbeitsagentur am Betriebssitz gerichtet werden.

Die **Leistungen des Arbeitslosengeldes I** bestehen (aufgeteilt nach Personen) in
Leistungen an Arbeitnehmer:
- Arbeitslosengeld I – Arbeitslosengeld bei Weiterbildung, Teilarbeitslosengeld; Übergangsgeld; Insolvenzgeld),
- Unterstützung der Beratung und Vermittlung (Bewerbungskosten, Reisekosten, Vermittlungsgutschein)
- Maßnahmen zur Verbesserung der Eingliederungsaussichten, Förderung der Aufnahme einer Beschäftigung, Mobilitätshilfen (Übergangsbeihilfe, Ausrüstungbeihilfe, Reisekostenbeihilfe, Fahrkostenbeihilfe, Trennungskostenbeihilfe, Umzugskostenbeihilfe)
- Förderung der Aufnahme einer selbständigen Tätigkeit
- Förderung der Berufsausbildung,
- Förderung der beruflichen Weiterbildung,
- Förderung der Teilhabe behinderter Menschen am Arbeitsleben (Berufliche Rehabilitation)
- Förderung der ganzjährigen Beschäftigung in der Bauwirtschaft (Wintergeld)
- Kurzarbeitergeld

Leistungen an Arbeitgeber:
- Zuschüsse bei Einstellungen
- finanzielle Unterstützung für die Beschäftigung von Arbeitnehmern aus schwer vermittelbaren Gruppen (Ungelernte, behinderte Menschen)

Leistungen an Träger:
- Förderung der Berufsausbildung (Ausbildungsbegleitende Hilfen, Berufsausbildung in einer außerbetrieblichen Einrichtung; Übergangshilfen)
- Förderung von Einrichtungen zur beruflichen Aus- oder Weiterbildung oder zur beruflichen Rehabilitation
- Förderung von Jugendwohnheimen
- Zuschüsse zu Sozialplanmaßnahmen

14.2 Versorgungsprinzip - Sozialentschädigung

Neben dem bisher genannten Versicherungsprinzip (Voraussetzung ist Einzahlung in die Sozialversicherung) gibt es nach dem **Versorgungsprinzip** (Entschädigung nach dem Ausgleichssystem) Leistungen aus allgemeinen Steuermitteln, ohne dass eigene Beiträge eingezahlt werden. Auf diese Leistungen besteht ein speziell eingeräumter Rechtsanspruch. Die Bedürftigkeit wird nicht geprüft bzw. es gibt Abstufungen, aber es muss ein (Schadens-) Nachweis erbracht werden.

Es gibt die
1. **soziale Förderung** (zur Erreichung der Chancengleichheit): z.B. Kindergeld, Elterngeld
2. **soziale Entschädigung** (hier sollen Schäden ausgeglichen werden, für die eine besonders kollektive Verantwortung der Allgemeinheit besteht): z.B. Kriegsopferversorgung, Leistungen an Impfgeschädigte, Opfern von Gewalttaten, Versorgung der Opfer von Kriegs-, Wehrdienst- und Zivildienstschäden.

14.3 Fürsorgeprinzip - Sozialhilfeprinzip

Das **Sozialhilfeprinzip** tritt dann ein, wenn eine **Notlage** entsteht, die von der Sozialversicherung nicht abgedeckt wird, für eine Sozialentschädigung nach dem Versorgungsprinzip kein Grund vorliegt und auch von anderer Seite keine ausreichende Hilfe gewährt wird. Gezahlt wird aus allgemeinen Steuermitteln. Der Nachweis der Bedürftigkeit ist erforderlich. Hier gilt das **Subsidiaritätsprinzip:** Zunächst muss jeder seinen Lebensunterhalt selbst bestreiten, indem er eine Arbeit annimmt. Erst wenn dies nicht möglich ist, greift die Hilfe des Stärkeren, d.h. des Staates, ein (Grundsatz der Sozialstaatlichkeit).

Dazu zählen: die sogenannte
1. Grundsicherung für Arbeitssuchende (Arbeitslosengeld II bzw. Hartz IV genannt),
2. Grundsicherung im Alter und bei Erwerbsminderung sowie
3. Sozialhilfe, falls die vorgenannten Grundsicherungen nicht in Betracht kommen.

14.3.1 Grundsicherung für Arbeitssuchende

Diese Grundsicherung gibt es für Arbeitssuchende, wenn Arbeitslosengeld I nicht beansprucht werden kann. Am 01.01.2005 wurden Arbeitslosenhilfe und Sozialhilfe von einer neuen Sozialleistung abgelöst, der sogenannten Grundsicherung für Arbeitssuchende (auch **Arbeitslosengeld II** oder **Hartz IV** genannt). Verschiedene Leistungen sollen dabei unterstützen, einen Arbeitsplatz zu finden, damit der Lebensunterhalt so schnell wie möglich aus eigener Kraft wieder bestritten werden kann. Rechtsgrundlage: SGB II. Buch. Mit dem neuen Gesetz ist der Grundsatz „Fördern" und „Fordern" verbunden, d.h. mit den angebotenen Fördermöglichkeiten sollen die beruflichen Kenntnisse und Fähigkeiten verbessert und so gleichzeitig die Chancen auf dem Arbeitsmarkt erhöht werden. Der Anspruch auf die Grundsicherung hängt somit davon aus, ob eine der zahlreichen Fördermöglichkeiten angenommen wird und man sich aktiv um die Integration in den Arbeitsmarkt bemüht. Die zuständige Stelle für die Auszahlung der Grundsicherung ist die ARGE, d.h. Arbeitsgemeinschaften aus einer Agentur und einer Kommune (Gemeinde).

Anspruchsberechtigt sind Personen ab 15 Jahre bis zur Rentenaltersgrenze, die erwerbsfähig und hilfsbedürftig sind und ihren gewöhnlichen Aufenthalt in der BRD haben, vgl. § 7 SGB II.
Erwerbsfähig ist, wer noch mindestens drei Stunden täglich arbeiten kann.
Hilfsbedürftig ist, wer seinen Lebensunterhalt weder durch Aufnahme zumutbarer Arbeit noch aus anrechenbarem Einkommen oder Vermögen sichern kann. Zumutbar ist jede legale Arbeit, auch wenn sie nicht der Ausbildung des Suchenden oder früheren beruflichen Tätigkeit entspricht (§ 10 SGB II. Buch).
Die Höhe des Arbeitslosengeldes II richtet sich nicht nach der Höhe des früheren Einkommens, sondern nach der Bedarfssituation. Der **Regelsatz 2014** für Alleinstehende beträgt 391 Euro zuzüglich Kosten für Unterkunft; Erwachsene im Haushalt anderer 313 Euro; Paare 353 Euro; Jugendliche von 14 bis 18 Jahren 296 Euro; Kinder von 6 bis 14 Jahren 261 Euro sowie Kinder bis 6 Jahre 229 Euro. Das BVerfG hat im Februar 2010 die Bundesregierung zur transparenten Neuberechnung aufgefordert, insbesondere für die anteiligen Kindersätze wurde eine realitätsnahe Neuberechnung gefordert. Die Regelleistungen sollen nun wie bisher zum 01. Juli jeden Jahres angepasst werden, orientieren sich aber nicht mehr wie bisher an den Renten. Künftig folgen die Hartz-IV-Steigerungen zu 70 % der Preis- und zu 30 % der Reallohnentwicklung. Bei sinkenden Reallöhnen und stabilen Preisen kann es also auch zu sinkenden Hartz-IV-Sätzen kommen.

14.3.2 Grundsicherung im Alter und bei Erwerbsminderung

Die Grundsicherung ist eine Leistung, die auf Antrag den grundlegenden Bedarf für den Lebensunterhalt älterer oder dauerhaft voll erwerbsgeminderter Personen sicherstellt. Der Bezug einer Rente wegen Alters oder voller Erwerbsminderung ist nicht Voraussetzung. Die Grundsicherung im Alter und bei Erwerbsminderung ist eine bedarfsorientierte Leistung der Sozialhilfe und erfüllt die gleiche Funktion wie die Hilfe zum Lebensunterhalt (vgl. 14.3.3. - Sozialhilfe). Die Grundsicherung wird nur auf Antrag gewährt, der bei den Sozialämtern der Stadt/Gemeinde zu stellen ist. Rechtsgrundlage: SGB XII. Buch

Anspruchsberechtigung nach §§ 41 ff. SGB XII:
- Personen die die Regelaltersgrenze erreicht haben oder dauerhaft voll erwerbsgeminderte Personen, die das 18. Lebensjahr vollendet haben
- der gewöhnliche Aufenthalt der Person muss in der BRD liegen
- der Lebensunterhalt kann nicht durch eigenes Vermögen oder Einkommen bestritten werden
- bei Verheirateten oder eheähnlichem Lebenspartner kann der Lebensunterhalt nicht von dessen Einkommen oder Vermögen bestritten werden

Die Grundsicherung im Alter ist an die Regelsicherung des Hartz IV-Satzes angelehnt (2014: 391,00 Euro plus Wohnkosten sowie Kranken- und Pflegeversicherungsbeiträge). Hinzuverdienen darf man 135 Euro, die nicht auf die Grundsicherung angerechnet werden. Wer Grundsicherung im Alter bezieht, muss im Regelfall nicht damit rechnen, dass seine Kinder vom Staat in Anspruch genommen werden – es sei denn, ein Kind verdient nach Abzug von Werbungskosten oder Betriebsausgaben über 100.000 Euro im Jahr. Nach dem Tod eines Grundsicherungsbeziehers werden dessen Erben von den Ämtern nicht zur Rückzahlung verpflichtet, falls es etwa noch Vermögenswerte gibt. Bei Hartz IV ist das anders.

Bei der **Grundsicherung wegen Erwerbsminderung** muss man dauerhaft voll erwerbsgemindert sein. Die dauerhafte Erwerbsminderung ist dann gegeben, wer wegen Krankheit oder Behinderung auf nicht absehbare Zeit (genauer: in den nächsten neun Jahren, vgl. § 102 II SGB VI) unter den üblichen Bedingungen des allgemeinen Arbeitsmarktes unabhängig von der Arbeitsmarktlage außerstande ist, täglich mindestens drei Stunden erwerbstätig zu sein.

14.3.3 Weitere Sozialhilfe

Für die Personenkreise, die bei den oben genannten Grundsicherungen keinen Anspruch auf Arbeitslosengeld I, Grundsicherung für Arbeitssuchende (Arbeitslosengeld II - Hartz IV) sowie auf Grundsicherung im Alter und bei Erwerbsminderung haben, erhalten **Hilfe zum Lebensunterhalt,** sogenannte Sozialhilfe im engeren Sinne. Das sind z.B. Kinder unter 15 Jahren, Rentner, die vorzeitig im Ruhestand leben, längerfristig Erkrankte, Personen, die nur eine befristete Rente wegen voller Erwerbsminderung beziehen. Aufgabe der Sozialhilfe ist es, dem Empfänger die Führung eines Lebens zu ermöglichen, das der Würde des Menschen gem. Art. 1 GG entspricht; Rechtsgrundlage: SGB XII. Buch

Bei der Gewährung von Sozialhilfe werden alle Einkünfte des hilfsbedürftigen Menschen angerechnet (§ 82 SGB XII. Buch). Das gesamte Vermögen muss eingesetzt werden, bevor Unterstützung gewährt wird = Grundsatz der Nachrangigkeit der Sozialhilfe (Subsidiaritätsprinzip). Der Anspruch entsteht auch ohne besonderen Antrag.

Träger der Sozialhilfe: Örtliche Träger (Sozialamt der kreisfreien Städte, Landkreise) und überörtliche Träger (z.B. Landeswohlfahrtsverbände).

Leistungen: Hilfe zum Lebensunterhalt: Der Regelbedarf für Alleinlebende (Regelbedarfsstufe 1) beträgt seit dem 2014 auch hier 391 Euro nebst Wohnkosten. Er wird von der Bundesregierung jährlich festgelegt.

14.3.4 Sonstige Hilfen

Neben der Hilfe zum Lebensunterhalt gibt es noch Hilfen zur Gesundheit (§§ 47 ff. SGB XII), Eingliederungshilfe für behinderte Menschen (§§ 53 ff. SGB XII), Hilfe zur Überwindung besonderer sozialer Schwierigkeiten (§§ 67 SGB XII) und Hilfe in anderen Lebenslagen (§§ 70 ff. SGB XII).

• • • 15 Sozialgerichtsbarkeit

Die Sozialgerichte sind zuständig für **Rechtsstreitigkeiten zwischen dem Versicherten und seinem Sozialversicherungsträger** (Rentenversicherung, Krankenversicherung, Pflegeversicherung und der gesetzlichen Unfallversicherung), sowie in Angelegenheiten der **Arbeitsförderung** einschließlich der übrigen Aufgaben der Bundesagentur für Arbeit und in Angelegenheiten des **sozialen Entschädigungsrechts**. Rechtsgrundlage: Sozialgerichtsgesetz (SGG)

15.1 Gang des Verfahrens

Ist der Versicherte mit einer Entscheidung (Verwaltungsakt) seiner Sozialversicherung bzw. der Bundesagentur für Arbeit nicht einverstanden, kann er dagegen zunächst Widerspruch bei der Behörde einlegen, die den Bescheid erlassen hat.
Vorverfahren: Der **Widerspruch** ist binnen einer Frist von einem Monat, nachdem der Verwaltungsakt dem Versicherten bekannt gegeben worden ist, schriftlich bei der zuständigen Stelle einzureichen. Damit befasst sich die Widerspruchsstelle des Sozialversicherungsträgers.

Klageverfahren: Bleibt es bei dem Bescheid und nimmt die Widerspruchsstelle keine Änderung zugunsten des Versicherten vor, kann der Versicherte **Klage** beim Sozialgericht erheben binnen einer Frist von einem Monat ab Zustellung des Widerspruchsbescheides. Die örtliche Zuständigkeit bestimmt sich nach dem Wohnsitz bzw. Aufenthaltsort oder Beschäftigungsort des Klägers.

15.2 Besonderheiten der Sozialgerichtsbarkeit

Das Verfahren vor den Sozialgerichten richtet sich nach einer eigenständigen Verfahrensordnung – dem SGG –, das den Besonderheiten der Materie Rechnung trägt:

- **Amtsermittlungsprinzip**
  (das Sozialgericht ist zur Aufklärung des Sachverhalts verpflichtet)

- Grundsätzliche **Gerichtskostenfreiheit** für die Verfahren, an denen Versicherte beteiligt sind, trotz hoher Verfahrenskosten (damit auch Versicherte mit geringem Einkommen ihr Recht suchen können)

- **Kein Vertretungszwang** durch Prozessbevollmächtigte (Anwälte, Verbandsvertreter usw.) in der ersten und zweiten Instanz trotz hoher „Streitwerte"

- **Geringe Rahmengebühren** für Prozessbevollmächtigte (insbesondere Rechtsanwälte) der Versicherten statt Gebühren nach hohen Streitwerten

- **Besondere Beweisformen**
  (z.B. § 109 SGG: Anhörung eines Arztes des Vertrauens).

15.3. Instanzen der Sozialgerichte

1. Instanz:
Die Gerichtsbarkeit in Sozialrechtsangelegenheiten wird in der ersten Instanz ausgeübt durch das Sozialgericht. Sie entscheiden in Kammern, die für die einzelnen Fachgebiete eingerichtet sind. Besetzung der Kammer: Ein Berufsrichter und zwei ehrenamtliche Richter (je einen aus dem Kreis der Versicherten bzw. aus dem Kreis der Arbeitgeber).

2. Instanz – Berufungsinstanz:
In der zweiten Instanz kann Berufung gegen Urteile der ersten Instanz eingelegt werden beim Landessozialgericht. In der Berufung wird der Streitfall noch einmal unter sachlichen und rechtlichen Gesichtspunkten geklärt. Hier gibt es Senate, die mit drei Berufsrichtern und zwei ehrenamtlichen Richtern besetzt sind.

3. Instanz – Revisionsinstanz:
Das Bundessozialgericht in Kassel entscheidet über die Revision, die gegen Urteile der 2. Instanz eingelegt wurden. Hier geht es nur um die rechtliche Überprüfung des zweiinstanzlichen Urteils. Die Senate sind ebenfalls mit drei Berufsrichtern und zwei ehrenamtlichen Richtern besetzt. Auch hier gibt es die Sprungrevision.

Sprungrevision:

Nach § 161 Abs. 1 SGG steht den Beteiligten gegen das Urteil des Sozialgerichts die Revision unter Umgehung der Berufungsinstanz (**Sprungrevision**) zu, wenn der Gegner schriftlich zustimmt und wenn sie von dem Sozialgericht im Urteil oder auf Antrag durch Beschluss zugelassen wird.

Sozialgerichtbarkeit:

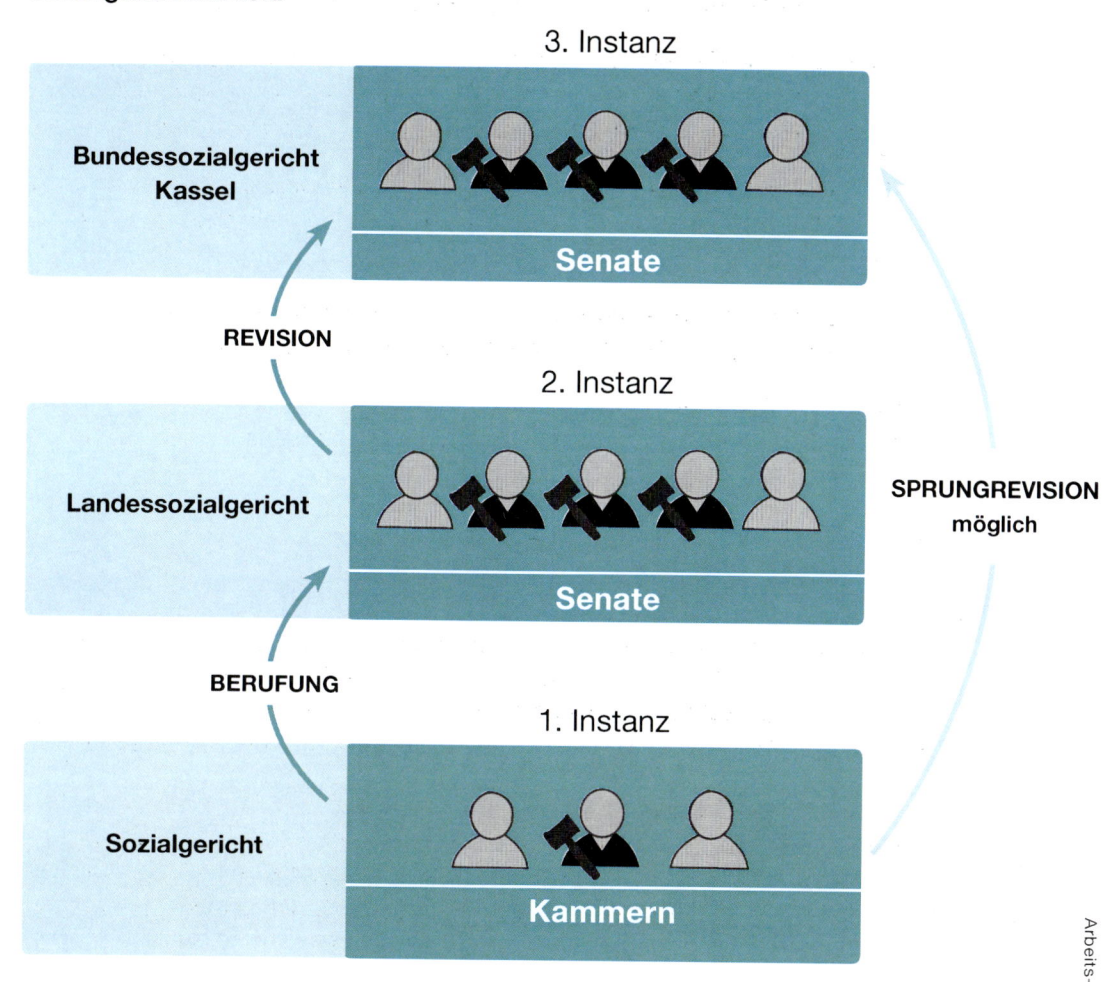

Bundessozialgericht Kassel — 3. Instanz — Senate

REVISION

Landessozialgericht — 2. Instanz — Senate

BERUFUNG

Sozialgericht — 1. Instanz — Kammern

SPRUNGREVISION möglich

Berufsrichter — ehrenamtlicher Richter

••• Stichwortverzeichnis

A

Abfindung 44
Abmahnung 43
Abschlussfreiheit 22
Abschlussprüfung 60 f., 66 f.
Änderungskündigung 40
Agentur für Arbeit 56, 99, 125 ff.
Allgemeinverbindlichkeit 93
Altersgrenze 120
Altersrente 122 ff
 - für langjährige Versicherte 122
 - für Schwerbehinderte 122
Altersteilzeit 55
Anbahnungsverhältnis 17
Anfechtung 48
Angestellte 10
 - leitende 12, 102
Arbeit 21
 - auf Abruf 54
 - unzumutbare 23
 - zumutbare 23
Arbeiter 10
Arbeitgeber 10
 - Pflichten 49
Arbeitgeber-Verband 89
Arbeitnehmer 10, 22
 - Pflichten 26, 49
Arbeitnehmerhaftung 25
Arbeitnehmertätigkeit 11
Arbeitnehmerüberlassung 56
Arbeitnehmer-Verband 90
Arbeitsförderung 125 ff.
Arbeitsgerichtswesen 85 ff.
Arbeitskampf 95 ff.
Arbeitslosengeld I 126
Arbeitslosengeld II 130
Arbeitslosenversicherung 125 f.
Arbeitspapiere 20
Arbeitspflicht 22
Arbeitsplatzteilung 55
Arbeitsschutz 29, 74 ff.

 - sozialer 81
 - technischer 74
Arbeitsverhältnis 32
 - befristetes Arbeitsverhältnis 48 ff.
 - Teilzeitarbeitsverhältnis 52
Arbeitsvertrag, 21 ff.
Arbeitszeit 81 ff.
Arbeitszeugnis 30 ff.
Aufhebungsvertrag 48
Aufsichtsrat 100 ff.
Ausbildung 58
 - duales System 59
 - vollzeitschulische 60
 - externe 61
Ausbildungsordnung 68
Ausbildungspflicht 64
Ausbildungsvergütung 62
Aussperrung 96
 - heiße Aussperrung 96
 - kalte Aussperrung 96
Auszubildende 11, 47 ff., 61 ff
 - Übernahme 67

B

Beendigung 3, 66
Befristung 49 ff.
 - mit Sachgrund 50
 - ohne Sachgrund 51
Beiträge 111
Beitragsbemessungsgrenzen 112
Beitragsfinanzierung 111
Berichtsheft 62
Berufsausbildung 58 ff.
Berufsausbildungsvertrag 61 f.
Berufsausbildungsvorbereitung 70
Berufsbildung 58
Berufsbildungsgesetz 68
Berufsfreiheit 14
Berufsgenossenschaft 76, 114 ff.
Berufsschule 65, 70
Berufungsverfahren 86, 134

Beschäftigung, kurzfristige 53
Beschäftigungspflicht 29
Beschäftigungsverbote 83
Beschlussverfahren 85
Betriebsausschuss 103
Betriebsordnung 66
Betriebsrat 100 ff.
Betriebsratsmitglieder 46, 100 ff.
Betriebsübergang 48
Betriebsvereinbarungen, 15, 103
Betriebsversammlung 102
Bewerbungsgespräch 18
Bewerbungskosten 18
Bildungsurlaub 36
Branchenprinzip 94
Brandschutz 76
Bundesvereinigung der dt. Arbeitgeberverbände 89

D
Dachverband 90 f.
Datenschutzbeauftragte 47, 75
Deutscher Gewerkschaftsbund 90
Dienstleistungspflicht 22, 65
Dienstvertrag 21
Diskriminierungsverbot 17
Dokumentationsfunktion 43
Duales System 59 ff.
Durchführungspflicht 92

E
EG-Vertrag 14
Eignung
 - fachliche 65
 - persönliche 65
Einigungsstelle 103
Einstellungsuntersuchungen 20, 70
Elterngeld 35
Elternzeit 34, 47
Entgeltfortzahlung 28
Entfristungsklage 52
Entschädigung, soziale 130
Erasmus+ 73
Erwerbsminderungsrente 122
EU-Bildungsprogramm 73

Europass 73
Existenzgründer 51
Externenprüfung 61

F
Fahrlässigkeit 25 f.
Firmentarifvertrag 92
Flächentarifvertrag 92
Förderung, soziale 130
Formfreiheit 22
Fortbildung, berufliche 70
Fragen bei der Vorstellung
 - unzulässige 19
 - zulässige 19
Freiberufler 12
Friedenspflicht 92, 104
Führungszeugnis 20
Fürsorgepflicht
 - des Arbeitgebers 29 f.
 - des Ausbildenden 63
Fürsorgeprinzip 130

G
Generationenvertrag 124
Geringfügige Beschäftigung 53
Geschäftsgeheimnisse 66
Gesetze 14
Gesetzgebungsverfahren 14
Gestaltungsfreiheit 22
Gesundheitsfond 115
Gesundheitszeugnis 20
Gewerkschaften 90 ff.
Gewohnheitsrecht 15
Gleichbehandlungsgrundsatz 14, 28
Grundgesetz 14
Grundsicherung
 - für Arbeitsuchende 130
 - im Alter 132
 - bei Erwerbsminderung 132
Grundzone 53
Günstigkeitsprinzip 16
Gütertermin 86

H
Haftung 25

Hartz IV 130
Haustarifvertrag 92
Hilfsbedürftigkeit 130
Hinterbliebenenrente 123
- Waisenrente 124
- Witwenrente 124 f.

I
Individualarbeitsrecht 17
Inhalte, wesentliche 21, 61 f.
Insolvenzgeld 128
Insolvenzverfahren 48
Instanzen 86, 134
Interesse, berechtigtes 18

J
Jobsharing 55
Jugendarbeitsschutz 69
Jugendliche 22, 34, 69, 82
Jugend- und Auszubildendenvertretung 105

K
Kammer 59, 63
Kaufmann 12
Kettenarbeitsvertrag 50
Kinderarbeit 82
Klageverfahren 85, 133
Klauseln, verbotene 62
Koalitionsfreiheit 14, 89
Kollektivarbeitsrecht 17
Krankheit 28, 34
Krankenversicherung 115
Kündigung 37 ff., 67 ff.
- außerordentliche 39,67
- betriebsbedingte 43
- ordentliche 37, 67
- personenbedingte 41
- verhaltensbedingte 42
Kündigungsfrist 37
- gesetzliche 37 ff.
- vertragliche 38
- vor Arbeitsantritt 40
Kündigungsgründe 35 f.
Kündigungsschutzgesetz 41
Kündigungsschutzklage 45

Kündigungsschutzverfahren 44 ff.
Künstlersozialversicherung 125
Kurzarbeitergeld 128

L
Leiharbeitsverhältnis 56
Lernen, lebenslanges in Europa 72
Lernpflicht 65
Lohn 27

M
Manteltarifvertrag 93
Massenentlassung 46
Mehrarbeit 24
Minderjährige 22
Mindestlohn 27
Mindestruhezeit 81
Minijob 53
Mitbestimmung
- betriebliche 99 ff.
- echte 105
- im Unternehmen 107
Mobilität, berufliche 71
Mütterrente 122
Mutterschutz 82

N
Nachtarbeit 81
Nebentätigkeiten 24

P
Pausenregelung 81 f.
Personalauswahl 20
Persönlichkeitsrechte 27
Pflegestufen 117 f.
Pflegeversicherung 117
Pflegezeit 47
Pflichten
- des Arbeitgebers 26
- des Arbeitnehmers 22
- des Ausbildenden 63 f.
- des Ausbilders 65
- des Auszubildenden 65 f.
- der zuständigen Kammer 63
Pflichtverstoß 25

Praktikanten 11, 27, 60
Probezeit
 - im Arbeitsverhältnis 32
 - im Berufsausbildungsverhältnis 62
Prozesskostenhilfe 86
Prüfung 66 f., 70
Prüfungsordnung 69

R

Rahmenlehrplan 69
Rahmentarifvertrag 93
Rangprinzip 16
Rechtsquellen 13
Rechtsverordnungen 14
Regelaltersgrenze 122
Regeln der Technik 80
Rente 121 ff.
 - Dynamisierung der Rente 125
 - demografische Entwicklung 124
Rentenversicherung 121 ff.
Revisionsverfahren 87, 134
Richterrecht 15

S

Schadensersatzpflicht 25
Schadensursache 25
Scheinselbständigkeit 13
Schichtzeit 82
Schlichtung 97
Schmiergeldverbot 23
Schutzvorschriften 82
Schwangere 46, 82 ff.
Schwerbehinderte 34, 46, 84
Selbständige 11 f.
Sicherheitsbeauftragter 74
Sicherheitszeichen 79
Solidaritätsprinzip 110
Sonderkündigungsschutz 46 ff.
Sorgfaltspflichten 29
Sozialauswahl 42
Sozialgerichtsbarkeit 133 ff.
Sozialhilfe 131 ff.
Sozialleistungen 130 ff
Sozialplan 105
Sozialrecht 109 ff.

Sozialversicherung 110 ff.
Sozialversicherungsabgaben 13, 110 ff.
Sozialversicherungsausweis 111
Sperrfristen/Sperrzeiten 45, 127
Sportarten, gefährliche 29
Sprungrevision 87, 135
Statusfeststellungsverfahren 13
Streik 95
 - Warnstreik 96
 - Schwerpunktstreik 96
 - Sympathie-/Solidaritätsstreik 96
Subsidiaritätsprinzip 130

T

Tarifautonomie 94
Tarifbindung 92
Tarifgebundenheit 93
Tarifrecht 88 ff.
Tarifverträge 15, 92 ff.
 - Flächentarifvertrag 92
 - Haus-/Firmen-/Werktarifvertrag 92
 - Lohn-/Gehaltstarifvertrag 94
 - Manteltarifvertrag 94
 - Rahmentarifvertrag 94
 - Verbandstarifvertrag 92
Täuschung, arglistige 19
Teilzeitarbeitsverhältnis 52
Test, psychologische 20
Treuepflicht 23

U

Überstunden 24
Übung, betriebliche 27
Umschulung, berufliche 72
Umweltschutz 77 ff.
Unfallverhütung 76
Unfallversicherung 114
Unternehmensmitbestimmung 107 ff.
Urabstimmung 95 f.
Urlaub 33
 - Urlaubsabgeltung 34
 - Urlaubsanspruch 33 f.
 - Urlaubsgeld 27
 - Urlaubsgewährung 33, 64
 - Urlaubsübertragung 33

Urteilsverfahren 85

V
Verbandstarifvertrag 92
Verdachtskündigung 39
Verfassungsrecht 14
Vergütung 27
  - bei Urlaub 28
  - an Sonn- und Feiertagen 28
  - bei Krankheit 28
Vergütungspflicht 27 f.
Verhandlungspflicht 92
Verschwiegenheitspflicht 23
Versicherungsprinzip 110
Versorgungsprinzip 129
Vertrag, gegenseitiger 21
Vertragsverhandlungen 17
Vertreter, gesetzlicher 22
Vorsatz 25
Vorstellungsgespräch 17 f.
Vorstellungskosten 18
Vorverfahren 133

W
Waisenrente 124
Warnfunktion 43
Warnstreik 96
Wehrdienstleistende 47
Weihnachtsgeld 27
Weisungen 15
Weisungsbefolgungspflicht 23
Weisungsgebundenheit 23
Werktarifverträge 92
Werkverträge 58
Wettbewerbsverbot
  - gesetzliches 23
  - vertragliches 24
Wiederholungsprüfung 66
Wirtschaftsausschuss 103
Witwen-/Witwerrente 124

Z
Zeitarbeit 56
Zeugnis
  - einfaches 30
  - qualifiziertes 30
  - vorläufiges 31
Zeugniserteilungspflicht
  - des Arbeitgebers 30
  - des Ausbildenden 64
Zeugnissprache 31

••• Abkürzungsverzeichnis

AEVO	Ausbilder-Eignungsverordnung
AG	Arbeitgeber
AGG	Allgemeines Gleichbehandlungsgesetz
ALG	Arbeitslosengeld
AltTZG	Altersteilzeitgesetz
AN	Arbeitnehmer
ArbGG	Arbeitsgerichtsgesetz
ArbPlSch	Arbeitsplatzschutzgesetz
ArbSchG	Arbeitsschutzgesetz
ArbStVO	Arbeitsstättenverordnung
ArbZG	Arbeitszeitgesetz
Art	Artikel
ASiG	Arbeitssicherheitsgesetz
AWbG	Arbeitnehmerweiterbildungsgesetz
AÜG	Arbeitnehmerüberlassungsgesetz
BAG	Bundesarbeitsgericht
BBiG	Berufsbildungsgesetz
BDA	Bundesvereinigung der Deutschen Arbeitgeberverbände
BEEG	Bundeselterngeld- und -elternzeitgesetz
BetrSichV	Betriebssicherheitsverordnung
BetrVG	Betriebsverfassungsgesetz
BG	Berufsgenossenschaft
BGV	berufsgenossenschaftliche Vorschriften
BildscharbV	Bildschirmarbeitsverordnung
BImSchG	Bundesimmissionsschutzgesetz
BGB	Bürgerliches Gesetzbuch
BR	Betriebsrat
BUrlG	Bundesurlaubsgesetz
BVerfG	Bundesverfassungsgericht
bzgl	bezüglich
gem	gemäß
DGB	Deutscher Gewerkschaftsbund
DrittelbG	Drittelbeteiligungsgesetz
EntgFG	Entgeltfortzahlungsgesetz

EG	Europäische Gemeinschaft
EGV	Vertrag der Europäischen Gemeinschaft
etc	et cetera
EU	Europäische Union
EuGH	europäischer Gerichtshof
FPfZG	Familienpflegezeitgesetz
GG	Grundgesetz
ggfs	gegebenenfalls
GSG	Gerätesicherheitsgesetz
GewO	Gewerbeordnung
GmbH	Gesellschaft mit beschränkter Haftung
HGB	Handelsgesetzbuch
InsO	Insolvenzordnung
i.V.m.	in Verbindung mit
JArbSchG	Jugendarbeitsschutzgesetz
JAV	Jugend- und Auszubildendenvertretung
KGaA	Kommanditgesellschaft auf Aktien
KSchG	Kündigungsschutzgesetz
lt	laut
MiLoG	Mindestlohngesetz
MitbestG	Mitbestimmungsgesetz von 1976
MontanMitbestG	Montanmitbestimmungsgesetz
MuSchG	Mutterschutzgesetz
NachwG	Nachweisgesetz
PflegeZG	Pflegezeitgesetz
PNG	Pflege-Neuausrichtungsgesetz
SGB	Sozialgesetzbuch (Buch I bis XII)
SGG	Sozialgerichtsgesetz
TVG	Tarifvertragsgesetz
TzBfG	Teilzeit- und Befristungsgesetz
usw	und so weiter
u.U.	unter Umständen
UWG	Gesetz gegen den unlauteren Wettbewerb
VBG	Verwaltungsberufsgenossenschaft
VStättVO	Versammlungsstättenverordnung

Maria Struffert-Dupp ist als Rechtsanwältin, Dipl.-Betriebswirtin und Mediatorin tätig. Nebenberuflich unterrichtet sie als freie Dozentin/Lehrbeauftragte seit vielen Jahren die Fächer Recht, WiSo, Sozialkunde, Event- und Betriebsprozesse sowie Dienstleistungsprozesse in unterschiedlichen namhaften Bildungseinrichtungen.